Patrick Steinbach

Uke's Finest

Acoustic Music Books, Wilhelmshaven
www.acoustic-music-books.de

Irish, Folk, Classic, Ragtime, Blues, X-Mas and more

Für Ukulele in Low G-Stimmung

Mit QR-Codes zum Streamen der Tonaufnahmen

AMB 5078

Gefördert durch die
hessische kultur stiftung

Impressum
Coverdesign und Fotos: *Manfred Pollert*
Foto Patrick Steinbach, Umschlagrückseite: *Stephan Klement*
Idee, Texte und Notensatz: *Patrick Steinbach*
Lektorat und Produktion: *Gerd Kratzat*
Audios aufgenommen 2021 im WOODPECKER Tonstudio Neu-Isenburg
Einspielung: *Patrick Steinbach, Ukulele*
Patrick Steinbach spielt eine Ukulele von Joe Striebel.

Gefördert durch die hessische kultur stiftung

Bestell-Nr. AMB 5078
ISBN 978-3-86947-578-3
ISMN 979-0-50247-578-9
www.acoustic-music-books.de

Vorwort

Liebe Freunde der Ukulele,

die Ukulele erfreut sich immer größerer Beliebtheit. Im Sturm erobert sie die Musikschulen und die heimischen Wohnzimmer. Mittlerweile hat sich dieses handliche Instrument in die Herzen aller Altersgruppen gespielt. Längst ist die Ukulele als ernst zu nehmendes Instrument etabliert und verwandelt sich unter den kundigen Fingern meist noch recht junger Virtuosen in ein atemberaubendes Saiteninstrument. Reine Ukulelenorchester bereichern die heimische Klangwelt. Mittlerweile werden auch die auf Gitarren entwickelten Klopf- und Schlagtechniken (Body-Percussion) auf die Ukulele übertragen, ebenso wie mehrstimmige Spielweisen und das Einbinden von elektrischen Klangeffekten.

Diesem kleinen, sympathischen Instrument steht eine spannende Konzertkarriere bevor, denn ihr Siegeszug ist noch lange nicht zu Ende. Wir dürfen gespannt sein, was nachwachsende Generationen aus diesem Instrument herausholen werden.

Dem gesteigerten Bedürfnis nach ansprechender Spielliteratur möchte diese Sammlung nun Rechnung tragen. Sie eignet sich hervorragend als Ergänzung zu meinem Notenheft *Melody-Chord-Concept* (AMB 5071). Die Stücke können ausschließlich auf einer tiefer gestimmten Ukulele mit einer tiefen G-Saite (Low G) gespielt werden. Dieses Konzept der „tiefer gelegten“ Ukulele findet immer mehr Freunde, hat man durch die tiefe G-Saite doch einen wesentlich größeren Tonumfang, der sich besonders beim mehrstimmigen Spiel als Vorteil erweist. Auch ist durch die Low G-Stimmung der Umstieg eines Gitarristen auf die Ukulele (zum Beispiel als Zweitinstrument) ein Kinderspiel, findet man die gleichen Intervalle der Saiten wie bei der Gitarre.

Die ausgewählten Stücke stammen aus den Bereichen Irish, Folk, Klassik, Bluesiges und Beschwingtes, auch Weihnachtliches und einige Hymnen finden sich. Unterschiedliche Spieltechniken und abwechslungsreiche Lieder erweitern den musikalischen Horizont.

Die Tonaufnahme aller Stücke sind im Internet auf dem YouTube-Kanal von Acoustic Music Books frei zugänglich: **https://bit.ly/3wG2PKD .**

Über Smartphone mit QR-Code-Scanner-Programm kann man auf diese Playlist zugreifen:

Außerdem kann man über die QR-Codes neben den Titeln schnell die einzelnen Hörbeispiele streamen.

Das Spielen einer Ukulele ist nicht auf wenige Musikstile beschränkt. Die Ukulele wird ähnlich vielseitig eingesetzt werden wie die Gitarre. Allen Freunden der Ukulele wünsche ich mit dem Spielen dieser Stücke viel Spaß.

Patrick Steinbach

Inhaltsverzeichnis

Seite
Vorwort 3
Zum Kauf einer Ukulele 6
Anmerkungen zu den Stücken 6
1. Amazing Grace *Traditional aus Amerika* 12
2. Amazing Grace, Variation *Traditional aus Amerika* 13
3. Arkansas Traveller *Traditional aus Amerika* 14
4. Auld Lang Syne *Traditional aus Schottland* 15
5. Bella Ciao *Traditional aus Italien* 16
6. Black Cat *Traditional aus Irland* 17
7. Black Is the Colour *Traditional aus Schottland* 18
8. Blind Harper *Turlough O'Carolan (1670–1738)* 19
9. Bluebird Rag *Traditional aus Amerika* 20
10. Camptown Races *Stephen Collins Foster (1826–1864)* 21
11. Canon *Johann Pachelbel (1653–1703)* 22
12. Chords Are Friends *Patrick Steinbach* 24
13. Deep River Blues *Traditional aus Amerika* 25
14. Down by the Riverside *Gospel aus den USA* 26
15. Eine kleine Nachtmusik (Thema) *Wolfgang Amadeus Mozart (1756–1791)* 27
16. Fine Picking *Patrick Steinbach* 28
17. Fiddler's Green *Traditional aus Irland* 30
18. Flow, My Tears *John Dowland (1563–1626)* 31
19. Foggy Dew *Traditional aus Irland* 32
20. Gavotte de Montagnes *Traditional aus der Bretagne* 33
21. Glory, Glory, Hallelujah! *Gospel aus Amerika* 34
22. God Rest You Merry, Gentlemen *Englisches Weihnachtslied* 35
23. Guitar Swing *Patrick Steinbach* 36
24. Hatikva *Hymne Israels, Samuel Cohen (1870–1940)* 37
25. Here's a Health to the Company *Traditional aus Irland* 38
26. House of the Rising Sun (1) - Akkorde *Traditional aus Amerika* 39
27. House of the Rising Sun (2) - Mit Melodie *Traditional aus Amerika* 40
28. Hundred Pipers *Traditional aus Schottland* 41
29. I Like the Flowers *Kinderlied* 42
30. Irish Washerwoman *Traditionelle Jig aus Irland* 43
31. Jingle Bells (Strophe) *James Lord Pierpont (1822–1893)* 44
32. Jingle Bells (Refrain) *James Lord Pierpont* 45
33. John Barleycorn *Traditional aus Schottland* 46
34. Kling, Glöckchen, klingelingeling *Traditionell aus Deutschland* 47
35. Lady Gethin *Turlough O'Carolan (1670–1738)* 48
36. Lannigan's Ball *Traditional aus Irland* 49
37. Leise rieselt der Schnee *Eduard Ebel (1839–1905)* 50
38. Lied der Deutschen *Joseph Haydn (1732–1809)* 51
39. My Bonnie Is over the Ocean *Traditional aus Schottland* 52

Seite

40. Old Cowboy's Blues *Patrick Steinbach* 53
41. Parting Glass *Traditional aus Irland* 54
42. Planxty Irwin *Turlough O'Carolan (1670–1738)* 55
43. Ragtime *Patrick Steinbach* 56
44. (Down by the) Sally Gardens *Traditional aus Irland* 57
45. She'll Be Coming 'Round the Mountain *Traditional aus Amerika* 58
46. The Star Spangled Banner (Amerikanische Nationalhymne)
John Stafford Smith (1750–1836) 59
47. Stille Nacht *Franz Xaver Gruber (1787–1863)* 60
48. Te Deum (Eurovisions-Melodie) *Marc-Antoine Charpentier (1643–1704)* 61
49. Valley of Knockanure *Traditional aus Irland* 62
50. Wildwood Flower *Amerikanischer Country Song* 63
51. Wildwood Flower Groove *Amerikanischer Country Song/P. Steinbach* 64
52. Will Ye Go, Lassie, Go *Traditional aus Irland/Schottland* 65
Akkord-Grifftabelle 66

Zum Kauf einer Ukulele

Die Ukulele hat wie kaum ein anderes Instrument in den letzten Jahren immer mehr an Popularität gewonnen. Fast jeder namhafte Instrumentenhersteller hat mittlerweile Ukulelen im Angebot. Auch haben die Hersteller erkannt, dass man dieses tolle kleine Instrument eher im Niedrigpreissektor ansiedelt, zumal es häufig als Zweitinstrument Einzug ins heimische Wohnzimmer findet. Doch Vorsicht ist angebracht. Allzu günstige Instrumente haben den immensen Nachteil, dass sie sich oft schlecht stimmen lassen. Auch ist bei Billigbauweisen keineswegs eine saubere Intonation garantiert. Es lohnt sich also, ein klein wenig mehr Geld in die Hand zu nehmen und sich in einem Musikalienfachhandel beraten zu lassen. Wichtig ist, beim Kauf darauf zu achten, dass sich die Ukulele auch mit einer tiefen G-Saite bespannen lassen kann. Ich persönlich verwende die hohen vier Saiten eines gewöhnlichen Satzes Saiten für Konzertgitarre. Die Nylonsaiten D, G, H und E ergeben auf einer Tenorukulele die Stimmung G, C, E und A. Da es keine einheitlichen Systeme zur Saitenbefestigung bei Ukulelen gibt (Ball End, Loop End und loses Saitenende), ist es wichtig, beim Kauf darauf zu achten, dass man die Low G Stimmung darauf realisieren kann.

Anmerkungen zu den Stücken

1. Amazing Grace

Zu Beginn unserer Liedersammlung stelle ich Euch das bekannte *Amazing Grace* vor. Es stammt aus Schottland und wird ursprünglich auf einem Dudelsack gespielt. Die lang getragenen Töne eines Dudelsacks werden von einem tiefen brummenden Grundton begleitet. Deswegen hat unsere erste Version auch nur einen einzigen Akkord zur Begleitung.

2. Amazing Grace, Variation

Die zweite Version dieses Klassikers verwendet nun wesentlich mehr Akkorde. Der leicht jazzig-bluesige Klang entsteht durch die Septimenakkorde, die sich hervorragend in das Stück einpassen. Es ist deutlich schwerer zu spielen und klingt besonders gut, wenn es mit triolischem Grundfeeling gespielt wird. Selbstverständlich kann man beide Versionen auch direkt hintereinander spielen.

3. Arkansas Traveller

Eine typische Melodie aus dem Wilden Westen Amerikas. Sehr gut kann man sich hier reitende Cowboys und die Weite der Prärie vorstellen. Durch den einfachen Aufbau lässt es sich gut merken. Die Griffe zu diesem Stück sind schnell gelernt, auch wiederholen sich einige Teile. Wer es langsam angeht, kann das Stück bereits nach kurzer Zeit spielen.

4. Auld Lang Syne

Auch dieses Lied gehört zu Schottland wie der Whisky und der Kilt. Jedes Kind kennt es auf den Britischen Inseln. Traditionell wird es dort in der Silvesternacht zum Verabschieden des alten Jahres gesungen. In fast jedem Land gibt es eine entsprechende Version. In Deutschland kennt man es unter dem Namen *Nehmt Abschied, Brüder, ungewiss*.

5. Bella Ciao

Gestartet als antifaschistisches Soldatenlied ist es sogar in den internationalen Diskotheken als Partykracher angekommen. Ein erstaunlicher Werdegang, vor allem auch, weil der Text der alte geblieben ist, in welchem ein Soldat Abschied nimmt von seiner Liebsten. Nicht zu wissen, ob man aus dem Krieg heimkehrt, muss für alle Beteiligten schrecklich sein. - Eine kurze einprägsame Melodie, die einem schnell zum Ohrwurm wird.

6. Black Cat

Irland ist das Land der Helden und Heiligen, der grünen Hügel, der Feen und des Whiskeys. Irland ist auch eines der musikalischsten Länder überhaupt. Ein Musikinstrument ziert die Euromünzen, und die Harfe findet sich auf der Hälfte aller Biergläser. Die Melodien sind wehmütig und heiter zugleich. Sie gehen unwahrscheinlich gut ins Ohr und bleiben lange im Gedächtnis. Meist sind sie auch nicht allzu schwer, so dass man bald schon viel Freude daran hat.

7. Black Is the Colour

Ursprünglich stammt dieses wunderschöne Liebeslied aus Schottland. Es ist aber in allen Englisch sprachigen Ländern bekannt. Gesungen wird es immer recht langsam, aber mit sehr viel Gefühl. Es gehört zu den großen Glücksmomenten, wenn man die Gelegenheit hat, dieses Lied einmal live bei einer guten Session zu hören. Oft als reiner Sologesang zieht es sofort in seinen Bann. Die einfache aber betörende Melodie wird einem lange im Ohr bleiben.

8. Blind Harper

Über die Jahre habe ich mich sehr intensiv mit der Musik des blinden irischen Harfenspielers Turlough O´Carolan beschäftigt und viele seiner Werke auf die Gitarre übertragen. Carolan lebte von 1670 bis 1738 und hinterließ über zweihundert wunderbare Kompositionen. Seinen Stil beschreibt man am besten als eine Mischung von irischen Volksweisen und italienischer Barockmusik. Nun habe ich versucht, ein Stück zu schreiben, welches auch der gute Carolan hätte komponieren können. Es sollte nicht zu schnell gespielt werden.

9. Bluebird Rag

Ragtime ist die Musik, aus der sich zu Beginn des 20. Jahrhunderts der Jazz entwickelte. Anfangs noch mit einfachen Harmonien ausgestattet, entwickelten Ragtimekompositionen mit der Zeit komplexere Formen und vor allem spannende Akkorde. Man bezeichnet Ragtime auch als „syncopated music", da viele wichtige Melodietöne zwischen den Zählzeiten sitzen. Unser *Bluebird Rag* hat eine einprägsame und fröhliche Melodie. Ragtime sollte nie zu schnell gespielt werden.

10. Camptown Races

Stephen Collins Foster (1826–1864) schrieb eines der bekanntesten amerikanischen Lieder überhaupt. Die einem Kinderlied ähnelnde Melodie prägt sich sofort ein und verlässt das Ohr auch nicht mehr so schnell. Der einfache Aufbau entspricht dem unzähliger weiterer Ohrwürmer. Übrigens wird der Refrain mit einem umgedichteten Text von einem Fußballverein der Bundesliga als Erkennungslied seiner Fans verwendet. Um welchen Club handelt es sich?

11. Canon

Johann Pachelbel (1653–1706) schuf dieses wunderbare Werk als Auftragsarbeit für die Hochzeit eines Bruders von Johann Sebastian Bach. Seine Variationen über eine Akkordfolge gehören zu den schönsten Bearbeitungen der Musikgeschichte und zeugen vom virtuosen Handwerk, über welches die Komponisten des Barock verfügten. Pachelbels Akkordfolge ist absolut zeitlos. Sie findet sich in unzähligen Folk-, Rock- und Popkompositionen der Gegenwart. Jede achttaktige Folge kann gleichzeitig mit jeder anderen Folge gespielt werden.

12. Chords Are Friends

Akkorde sind Freunde. So jedenfalls sehe ich das. Auch wenn manche Griffe erst nach längerem Training funktionieren, so sind Akkorde immer auch die Grundlage eines jeden Stückes. Nicht immer erkennen wir die Akkorde, aber wir hören die Stimmungswechsel, wenn eine Harmonie durch eine andere abgelöst wird. Unterschiedliche Zupfsysteme produzieren wieder andere Stimmungen. Im Anhang findet Ihr eine Akkordtabelle mit den wichtgsten Griffen für Ukulele.

13. Deep River Blues

Flüsse sind immer Lebensadern, an dessen Ufern entlang die Menschen siedelten und Handel trieben. In Amerika ist wohl der Mississippi der Fluss der Flüsse, über den unzählige Lieder geschrieben wurden. Dort unten, tief im Süden, verrichteten aus Afrika eingeschleppte Sklaven eine unmenschliche Knochenarbeit auf den Baumwoll- und Zuckerrohrfeldern. Die Musik dieser Sklaven entstand aus den monotonen Arbeitsanweisungen (Worksongs) und war schließlich die Wegbereiterin zur Jazzmusik. Der *Deep River Blues* hat eine 8-taktige Form. In späteren Zeiten etablierte sich die bekannte 12-taktige Form. Tolle Versionen gibt es von Doc Watson und Tommy Emmanuel.

14. Down by the Riverside

Komponist und Herkunft dieses Liedes sind leider unbekannt. Aber es lässt sich bis zum amerikanischen Bürgerkrieg zurückverfolgen, wo es bereits gesungen wurde. Es ist ein Friedenslied, bzw. ein Antikriegslied. Die Zeile „I ain´t gonna study war no more" bezieht sich auf die Kriegsmüdigkeit zum Ende des Sezessionskrieges im Jahr 1865. Somit gehört es ähnlich wie der Song *Glory, Glory, Hallelujah!* in die Kategorie der Gospels.

15. Eine kleine Nachtmusik (Thema)

Die *Serenade Nr. 13 in G-Dur, KV 525* ist eine der bekanntesten Komposition von Wolfgang Amadeus Mozart. Bekannt wurde sie unter dem Namen *Eine kleine Nachtmusik* allerdings erst nach Mozarts Tod, denn sie wurde nie zu seinen Lebzeiten aufgeführt. „Nachtmusik" ist Mozarts Übersetzung des Wortes „Serenade", denn diese Werke wurden meist abends und oft unter freiem Himmel aufgeführt. Die Schwierigkeit bei diesem Stück, ist das erforderliche Tempo, mit denen die Sechzehntel Noten gespielt werden. Mozart auf der Ukulele? Den Meister hätte es sicherlich gefreut.

16. Fiddler´s Green

Die Jenseitsvorstellungen verschiedener Kulturen können sich ganz erheblich voneinander unterscheiden. Dem Himmel-Hölle-Konzept der Christen steht die Idee der ewigen Jagdgründe der Indianer gegenüber. Buddhisten glauben an das ewige Rad der Wiedergeburt und irische Seemänner glauben an

Fiddler´s Green. Fische springen von selber auf das Boot, auf den Inseln wachsen Bäume mit Whiskeyflaschen dran, und in den Pubs werden Seemänner von hübschen Frauen verwöhnt. Von allen Jenseitsvorstellungen ist mir persönlich Fiddler´s Green am sympathischsten.

17. Fine Picking

Hier kommt nun ein etwas längeres Stück, welches mir in die Finger kam, als ich mal die Noten beiseite gelegt hatte. Der G-Dur-Akkord lädt gerade dazu ein, dass man auf der höchsten Saite Melodien spielt, während man darunter die Akkordtöne zupft. Das Ganze hat vier Teile und lässt sich hervorragend im Kreis spielen. Die von der Gitarre entliehenen Techniken wie Hammerings und Pull Offs veredeln das Stück. Man sollte sich hierfür etwas Zeit nehmen und schön langsam beginnen.

18. Flow, My Tears

John Dowland ist einer der bekanntesten englischen Lautenisten. Er lebte von 1563 bis 1626 und hinterließ etwas über 100 Kompositionen, die er oftmals im Auftrag schrieb. Für seine Zeit verwendete Dowland erstaunlich dissonanzreiche Klänge. Musikalisch war Dowland damals ein hochmoderner Komponist. Sein wahrscheinlich berühmtestes Werk habe ich hier für Ukulele bearbeitet. Und siehe da: Es klingt fantastisch auf diesem kleinen Instrument! Das Stück sollte recht langsam gespielt werden, ruhig auch im freien Vortrag (ad libitum).

19. Foggy Dew

Dieses Lied behandelt den legendären Osteraufstand in Dublin des Jahres 1916. Rebellen besetzten das Hauptpostamt und riefen eine freie Republik aus. Der Aufstand wurde von den Engländern blutig niedergeschlagen. Das läutete einen mehrere Jahre dauernden Untergrundkampf an, dessen Ende in der Teilunabhängigkeit Irlands von England mündete. Dieses Lied galt in der Zeit von 1916 bis 1922 als inoffizielle irische Nationalhymne. Auch heute noch wird dieses Lied voller Inbrunst und Erinnerung an die alten Helden gesungen.

20. Gavotte de Montagnes

Die traditionelle Musik der Bretagne besticht durch starke Melodien in wehmütigem Gewand. Es dominieren die Molltonarten, welche dem Stück seinen melancholischen Charakter verleihen. „Festnoz" heißen die Veranstaltungen, bei denen zu bretonischer Musik zum Tanz eingeladen wird. Dieses Stück ist ein absoluter Ohrwurm, da sich die einzelnen Takte stets wiederholen. Es sollte nicht zu schnell gespielt werden.

21. Glory, Glory, Hallelujah!

Das Stück ist auch bekannt unter dem Namen *John Brown´s Body*. Ein gewisser John Brown wollte ein Waffenlager ausrauben und die erbeuteten Gewehre an die Sklaven verteilen. Sein Plan wurde aber verraten und der arme John Brown an einem Baum erhängt. Das Lied wurde schnell zur Erkennungsmelodie der Nordstaatler, als sie in den Süden gegen die Sklaverei zogen. Das Lied gehört zur Kategorie der Gospels und sollte beschwingt gespielt werden.

22. God Rest You Merry, Gentlemen

Dieses Weihnachtslied stammt aus England und kann bis ins 15. Jahrhundert zurück verfolgt werden. Es besingt die Ankündigung der Geburt des neuen Heiland. Eine betörend starke Melodie mit erstaunlich modern wirkenden Harmonien. Mit etwas Fantasie kann man es auch als Gospel interpretieren, sofern man es ein wenig beschwingter spielt. Es war mir eine besondere Ehre, dieses Stück zusammen mit der Gemeinde bei einem Weihnachtsgottesdienst zu spielen und zu singen.

23. Guitar Swing

Django Reinhardt gilt als Wegbereiter des Europäischen Jazz. Mit seinem Hot Club de France schrieb er in der Nachkriegszeit Musikgeschichte. Inspiriert von der Akkordfolge seines berühmten *Guitar Swing*, die übrigens in zahllosen anderen Kompositionen ebenfalls verwendet wird, wollte ich wissen, ob man dergleichen auch auf der Ukulele spielen kann. Tatsächlich, es funktioniert. Sicherlich nicht ganz einfach, aber für Finger und Ohren absolut empfehlenswert.

24. Hatikva

Hatikva ist die Hymne Israels. Ihre schwermütige aber immer wieder nach oben strebende Melodie hat einen starken Wiedererkennungswert. Hymnen werden immer mit einem Überschuss an Pathos und Inbrunst gespielt und gesungen. Dabei bleiben sie immer getragen und feierlich. Auf der Ukulele klingt diese Hymne besonders schön.

25. Here´s a Health to the Company

Zum ersten Mal habe ich dieses wunderbare Lied auf einer CD der Gruppe The Chieftains gehört. Dort singen sie, die hochvirtuosen Instrumentalisten, aus vollen Kehlen dieses Seemannslied, und zwar völlig unbegleitet. Ein punktiert gespielter ¾-Takt bildet das Grundgerüst. Man sollte es nicht zu schnell spielen. Es empfiehlt sich auf jeden Fall einmal, die Version der CHIEFTAINS anzuhören.

26. House of the Rising Sun (1)

Wer kennt es nicht, eines der berühmtesten Lagerfeuerlieder? Das in dem Lied besungene Bordell hat es tatsächlich einmal gegeben. Das „Rising Sun Hotel" in NEW ORLEANS war zugleich Sehnsuchtsort lokaler Politiker und Geschäftsleute, wie auch Absturzstelle einfacher Arbeiter und Handwerker. Von allen Versionen ist wahrscheinlich die der Gruppe THE ANIMALS die wohl bekannteste.

27. House of the Rising Sun (2)

Während die erste Fassung lediglich die Akkordfolge abbildet, mit der man das Stück begleitet, so wird in der zweiten Fassung die Melodie integriert. Man sollte sich in jedem Fall zuerst mit den Akkorden beschäftigen. Die Akkord-plus-Melodie-Version ist um einiges schwerer und erfordert einige Streckungen des kleinen Fingers.

28. Hundred Pipers

Allein der Titel ist schon etwas angsteinflößend. Hundert Dudelsackspieler, womöglich noch alle am gleichen Ort. Wahrscheinlich ist EDINBURGH in Schottland der einzige Ort der Welt, an dem man eventuell auf eine solche Ansammlung treffen könnte. Die wiegende Melodie im gemütlichen 6/8-Takt klingt sicherlich imposant auf einem Dudelsack. Aber wie würde es wohl klingen, wenn es 100 Ukulelespieler erklingen lassen würden?

29. I Like the Flowers

Diese fröhliche Melodie ist besonders bei Kindern sehr beliebt. In der englischen Versionen lernen die Kinder mit dem Lied die Namen von Blumen. Das aus vier Teilen bestehende Stück wird von einer Akkordfolge begleitet, die man auch aus vielen anderen Liedern kennt. Mit ein wenig Augenzwinkern gefällt es auch Erwachsenen.

30. Irish Washerwoman

Wahrscheinlich ist diese Jig der am häufigsten gespielte irische Tanz. Der zweitaktige Aufbau und die Melodieführung können als typisch irisch bezeichnet werden. Sehr gerne wird er auch auf der Geige gespielt, welche man in Irland Fiddle nennt. Solche Stücke erzielen einen unwahrscheinlichen Schwung, wenn man sie bei jeder Wiederholung etwas schneller spielt. Gerade in der Gruppe machen solche Stücke besonders viel Spaß.

31./32. Jingle Bells

Es ist wohl das bekannteste Weihnachtslied überhaupt. Während die meisten anderen Weihnachtslieder eher kurz im Aufbau sind und meistens sehr getragen gespielt und gesungen werden, so ist Jingle Bells gleichzeitig eines der längsten und sicherlich das schwungvollste. Es ist nicht wirklich schwer zu spielen, so dass man nächstes Mal unter dem Weihnachtsbaum vielleicht sogar etwas Ukulele hören kann.

33. John Barleycorn

Wer den Hintergrund nicht kennt, der mag sich über den im Lied beschriebenen Mord wirklich wundern. Erst wird der arme John erschlagen, dann geköpft und gehäutet, bis schließlich seine sterblichen Überreste in einen Topf geworfen und zerkocht werden. Bei näherer Betrachtung wird aber klar, dass es sich bei den Vorgängen um eine Metapher für das Brennen von Schnaps handelt. Die Gerste (Barleycorn) wird geschlagen, geköpft und gehäutet und dann auch verkocht. JOHN BARLEYCORN ist ein ähnliches Synonym für Alkohol wie JOHNNY WALKER.

34. Kling, Glöckchen, Klingelingeling

In der Kollektion der Weihnachtslieder darf dieser Klassiker natürlich nicht fehlen. Mir persönlich machen diese Weihnachtslieder oft mehr Spaß, wenn ich sie auf der Ukulele spiele, als sie zum Beispiel von einem Chor gesungen zu hören. Den Unterschied zwischen gerne hören und gerne spielen finde ich spannend, denn ich spiele meist viel mehr Musik als ich höre.

35. Lady Gethin

Der irische Harfenspieler TURLOUGH O´CAROLAN verstand es wie kein anderer, die irische Folklore mit der italienischen Barockmusik zu verbinden. Er war fasziniert von den damals in Irland gern gehörten italienischen Melodien. CAROLAN widmete fast alle seiner Werke lebenden Personen, für die es eine absolute Ehre war, dass für sie jemand Musik komponiert. Auch blieben auf diese Art fast alle seine Kompositionen erhalten.

36. Lannigan´s Ball

Hier ein schwungvolles Lied aus Irland. Die Stücke im 6/8-Takt nennt man Jigs. Und diese Jigs werden meistens recht flott gespielt. In dem Text zu dem Lied geht es um die Party eines gewissen MR. LANNIGAN, die allerdings völlig aus dem Ruder läuft und in totalem Chaos endet. Ein fröhliches Überdie-Strenge-Schlagen gepaart mit einer ordentlichen Portion Schadenfreude, das ist die Grundlage dieses irischen Klassikers.

37. Leise rieselt der Schnee

Ein besinnliches und schönes Weihnachtslied. Auch zeugt es davon, dass früher tatsächlich zu Weihnachten öfters mal Schnee lag. Diese „weiße Weihnacht" hat es gefühlt seit Ewigkeiten nicht mehr gegeben. Mit ein Grund, dieses Stück hier aufzunehmen.

38. Lied der Deutschen

Das Werk, welches später einmal die *Deutsche Hymne* werden sollte, wurde von Joseph Haydn (1732–1809) als Adagio seines berühmten *Kaiserquartetts* komponiert. Ursprünglich gedacht als Streichquartett in C-Dur, wurde es später durch viel Blech der Hörner und Trompeten spielenden Orchestermusiker ergänzt. Eine feierliche Melodie, die sehr getragen gespielt werden sollte.

39. My Bonnie Is over the Ocean

Dieses Lied ist ein absoluter Evergreen der Folkmusik. Die älteste Fassung entstand 1746 nach der Niederlage der Schotten bei Culloden, die für die Unabhängigkeit Schottlands kämpften, aber aufgrund ihrer schlechten Ausrüstung keine Chance gegen die englischen Soldaten hatten. Ihr Anführer, der Prinzen-Stuart Charles Edward, wurde wegen seines guten Aussehens auch Bonnie Prince Charles genannt. Nach einigen textlichen Veränderung verwandelte sich diese Melodie dann zu einem der prominentesten Seemannslieder, in der eine Frau vom Tod ihres geliebten Seemanns träumt. Sie bittet die Winde und das Meer, ihn lebend wieder zurück zu bringen.

40. Old Cowboy Blues

Ein kleines Bluesstück aus meiner eigenen Feder. Blues wird meistens in einer Abfolge von 12 Takten gespielt, welches überall auf der Welt als das 12-taktige Bluesschema bekannt ist. Je langsamer man einen Blues spielt, desto mehr Gefühl transportiert es. So habe ich es zumindest gelernt. Spielt man einen Blues schneller, klingt er dann eher wie ein Boogie oder Ragtime. Deswegen heißt das Stück auch Old Cowboy, damit man sich erinnert, es nicht zu schnell zu spielen.

41. Parting Glass

Überall auf der Welt wird der Abschied von einer geliebten oder befreundeten Person gefeiert, oftmals auch mit Alkohol. Man hebt das Glas, wünscht dem Verreisenden alles Gute und hofft auf eine gesunde Wiederkehr. Höchstwahrscheinlich gibt es dann einen Willkommenstrunk. Es versteht sich von selbst, dass man solche Stücke feierlich und mit genügend Pathos spielt.

42. Planxty Irwin

Der irische Harfenspieler Turlough O´Carolan lebte von 1670 bis 1738 und gilt als berühmtester Komponist Irlands. Es ranken sich unzählige Geschichten um sein Leben als Wandermusikant, welches ihn in die vornehmen Landhäuser der Adeligen brachte, wo er seine Musik vortrug. Sein Markenzeichen war der Verbindung von alten irischen Volksweisen mit der damals in Irland gern gehörten italienischen Barockmusik.

43. Ragtime

Die Musik, welche schlechthin als Vorläufer des Jazz bezeichnet wird, ist der Ragtime. Ursprünglich auf dem Klavier, später aber auch in größeren Besetzungen gespielt, beruht seine zum Tanzen animierende Wirkung auf dem synkopierten Rhythmus. Melodisch folgt der Ragtime einem Frage-Antwort-Schema, in dem auch einige „schräge" Töne vorkommen dürfen. Beschwingt aber nicht zu schnell sollte dieser Ragtime gespielt werden.

44. (Down by the) Sally Gardens

Sally Gardens ist wohl eines der bekanntesten irischen Liebeslieder. Und wie fast immer gehen die irischen Liebeslieder nicht gut aus. Den Liebenden wird das Happy End verwehrt. Der irische Schriftstelle William Butler Yeats (1865–1939) schrieb den Text zu diesem wunderbaren Lied und verarbeitete so seine nicht in Erfüllung gegangene Liebe. Bei einem Blick durch die Fenster sieht er eine bildhübsche Frau bei einem Spaziergang durch die besagten Gärten. Aber er traut sich nicht, die Dame anzusprechen. Da ist sie auch schon fort.

45. She'll Be Coming 'Round the Mountain (Singing Aye Aye Yippee Yippee Aye)

Wie gerne haben wir früher dieses Lied auf unseren Klassenfahrten gesungen. Ob im Bus, um die Langeweile zu vertreiben, oder bei den endlosen Wanderungen, um uns irgendwie bei Laune zu halten, dieses Lied war unserer ständiger Begleiter. Im Deutschen ist es bekannt als *Von den Blauen Bergen kommen wir*. Am besten klingt es in einem flotten Tempo und mit einem Augenzwinkern.

46. The Star Spangled Banner

Die Amerikanische Nationalhymne besingt die Flagge mit ihren vielen Sternen darauf. Jeder Stern steht für einen Bundesstaat. Amerikanische Patrioten schwören auf Bibel und auf Fahne, weswegen es Viele dem E-Gitarre spielenden JIMI HENDRIX übel genommen haben, dass er aus Protest gegen den Vietnam-Krieg die Hymne völlig verzerrt und entstellt auf dem WOODSTOCK FESTIVAL gespielt hat. Ich finde, dass es sich einfach um eine wunderschöne Melodie handelt, die man auf jeden Fall kennen sollte.

47. Stille Nacht

Dieses Weihnachtslied ist überall auf der Welt bekannt und lädt zur besinnlichen Erinnerung an die eigene Vergangenheit ein. Der Geruch von Bratäpfeln mit Zimt, geröstete Mandeln und Glühwein, kein Weihnachtsmarkt in Deutschland verzichtet auf dieses Lied als Soundtrack für diese wärmenden Gerüche. Nach den Adventswochen ist es dann aber auch wieder gut, und das Lied schlummert weitere elf Monate.

48. Te Deum (Eurovisions-Melodie)

Dies ist das wohl bekannteste Werk des französischen Komponisten MARC-ANTOINE CHARPENTIER (1643–1704). Das Präludium aus seinem Te Deum hatte schon damals auf Grund seiner Fanfaren-ähnlichen Melodie bald den Namen Triumphmarsch bekommen. Seit 1954 wird sie im Fernsehen als überregionale Erkennungsmelodie verwendet, besser bekannt auch als *Eurovisions-Melodie*. Ich habe mir erlaubt, zwei Versionen zu schreiben. Eine etwas einfachere und eine anspruchsvollere.

49. Valley of Knockanure

Es ist eine dieser typisch irischen Melodien, die einen sofort gefangen nehmen. Sehnsüchtig und stolz, wehmütig und einsam, so klingt sie, wenn man sie langsam und mit viel Gefühl spielt. Ein zu schnelles Tempo würde sofort die gemütliche Atmosphäre stören. Der wiegende 6/8-Takt unterstützt den Schwung der Melodie, wenn sie sich in die höheren Lagen bewegt. Dieses Stück wird einem noch lange im Ohr bleiben.

50. Wildwood Flower

Dieser amerikanische Countrysong hat einen hohem Wiedererkennungswert. Entstanden um 1860, wurde er vor allem durch die Carter Family bekannt, die ihn ab 1920 aufführte. Tonaufnahmen von diesem Lied gibt es von JOHNNY CASH und JOAN BAEZ. Schnell entwickelt es sich zum Ohrwurm. Spannend ist der Ausflug zum 7. Bund, wobei die Fingersätze in den Noten helfen, die richtigen Griffe zu finden. In gemütlichem Tempo lädt es sogar zum Schunkeln ein.

51. Wildwood Flower Groove

Kaum zu glauben, dass es sich hierbei um das gleiche Stück handelt. Die gleich langen Viertelnoten aus der ersten Version habe ich in Viertel plus Achtel verwandelt. Schon entsteht ein leicht bluesiges Feeling. Zusätzlich habe ich an einigen Stellen sogenannte Blue Notes eingeführt. Die bewusst schräg klingenden Töne dienen dazu, Spannung zu erzeugen und machen aus dem Folkstück einen netten kleinen Ragtime.

52. Will Ye Go, Lassie, Go?

Auch bekannt unter dem Namen *Wild Mountain Thyme* gehört dieses Lied zu den schönsten Liebesliedern, welche in Irland und in Schottland gleichermaßen gerne gesungen werden. In wunderbar wehmütigen Naturbildern wird das große Thema der Liebe und des Getrenntseins besungen. Es versteht sich, dass es recht langsam und mit viel Gefühl gespielt werden soll.

1. Amazing Grace

Traditional aus Amerika, Bearbeitung: Patrick Steinbach

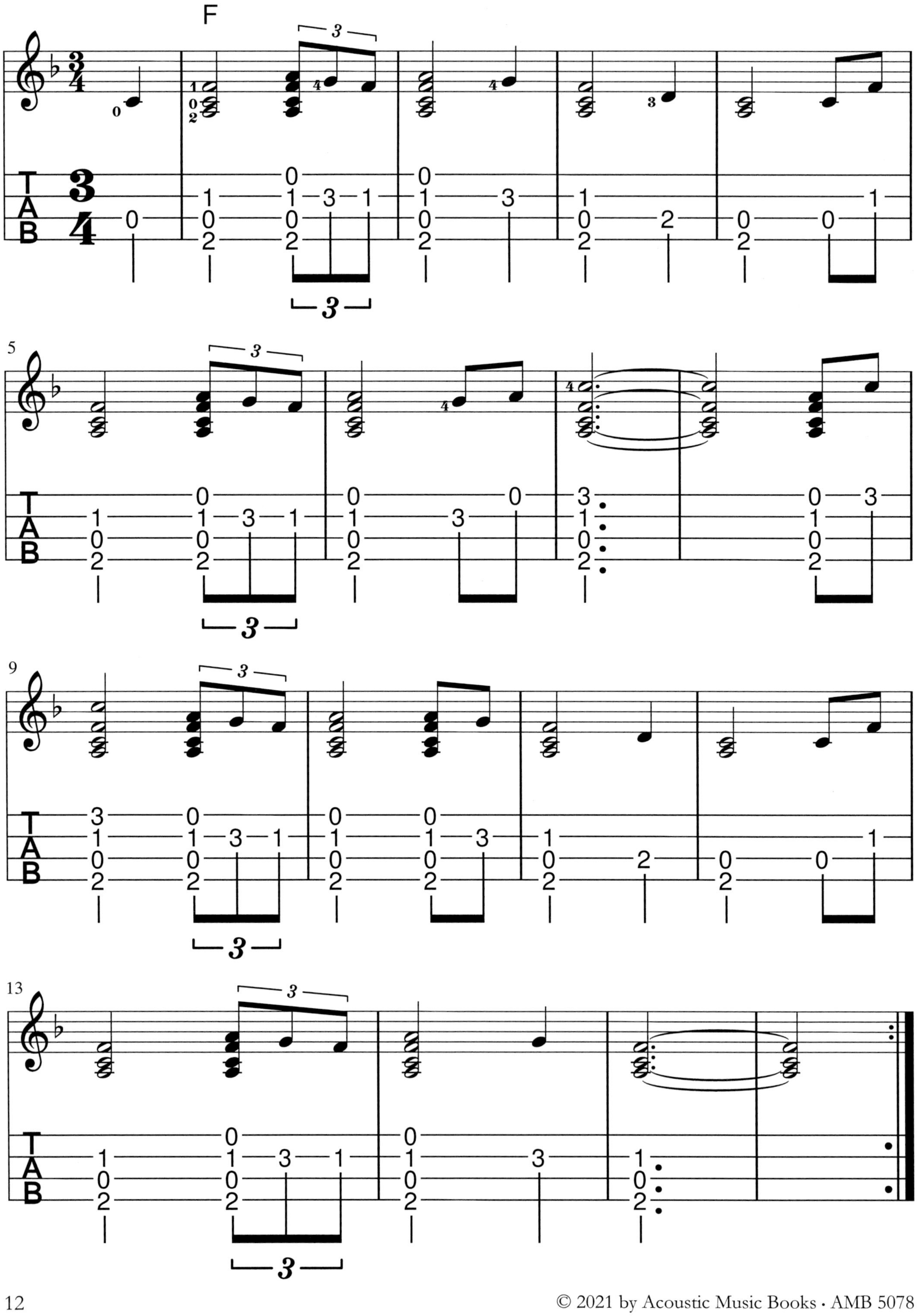

F

5

9

13

2. Amazing Grace, Variation

Traditional aus Amerika, Bearbeitung: Patrick Steinbach

F F7 Bb C

5 F F7 C

9 F F7 Bb C

13 F F7 Eb F

3. Arkansas Traveller

Traditional aus Amerika, Bearbeitung: Patrick Steinbach

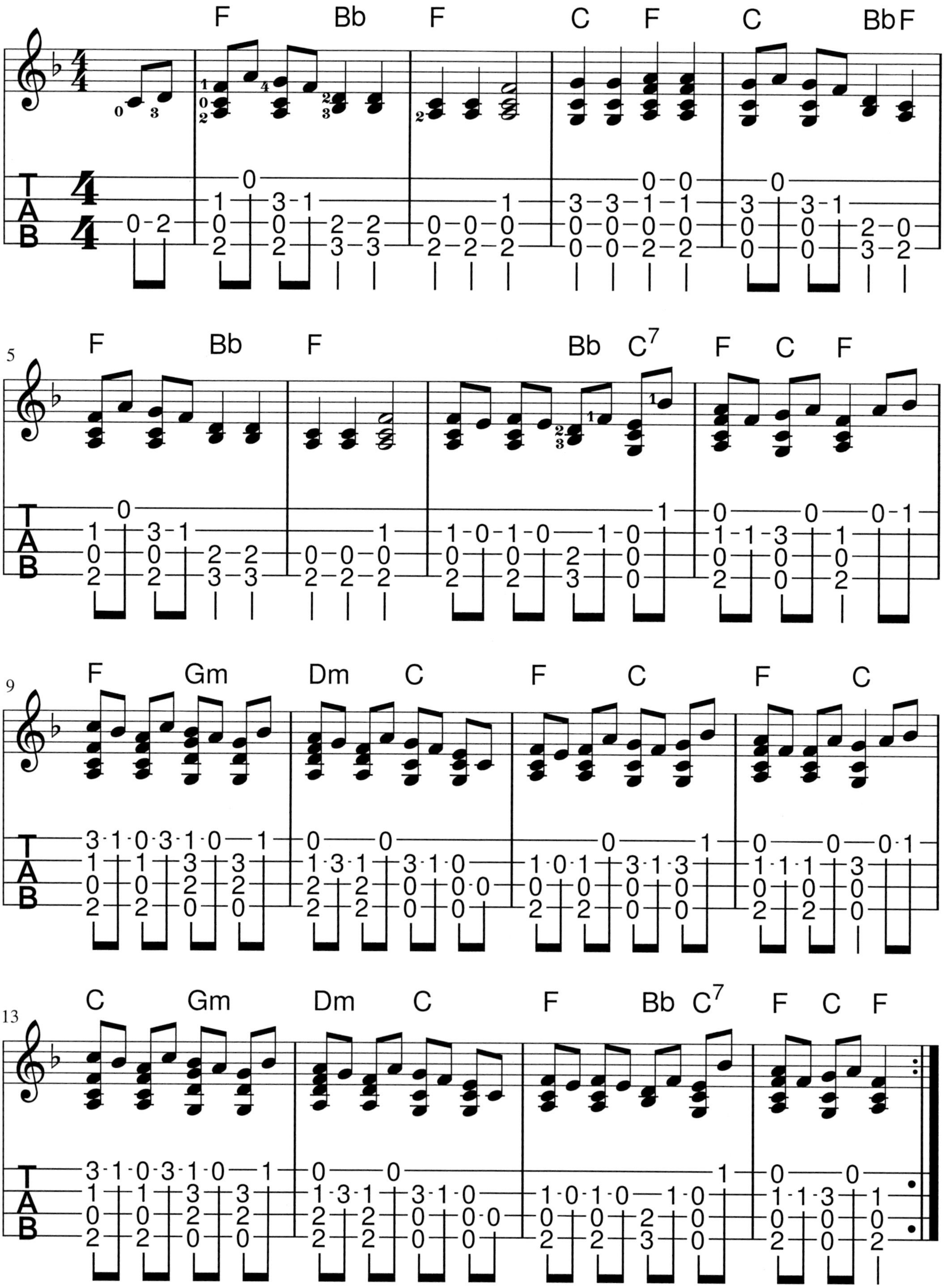

4. Auld Lang Syne

Traditional aus Schottland, Bearbeitung: Patrick Steinbach

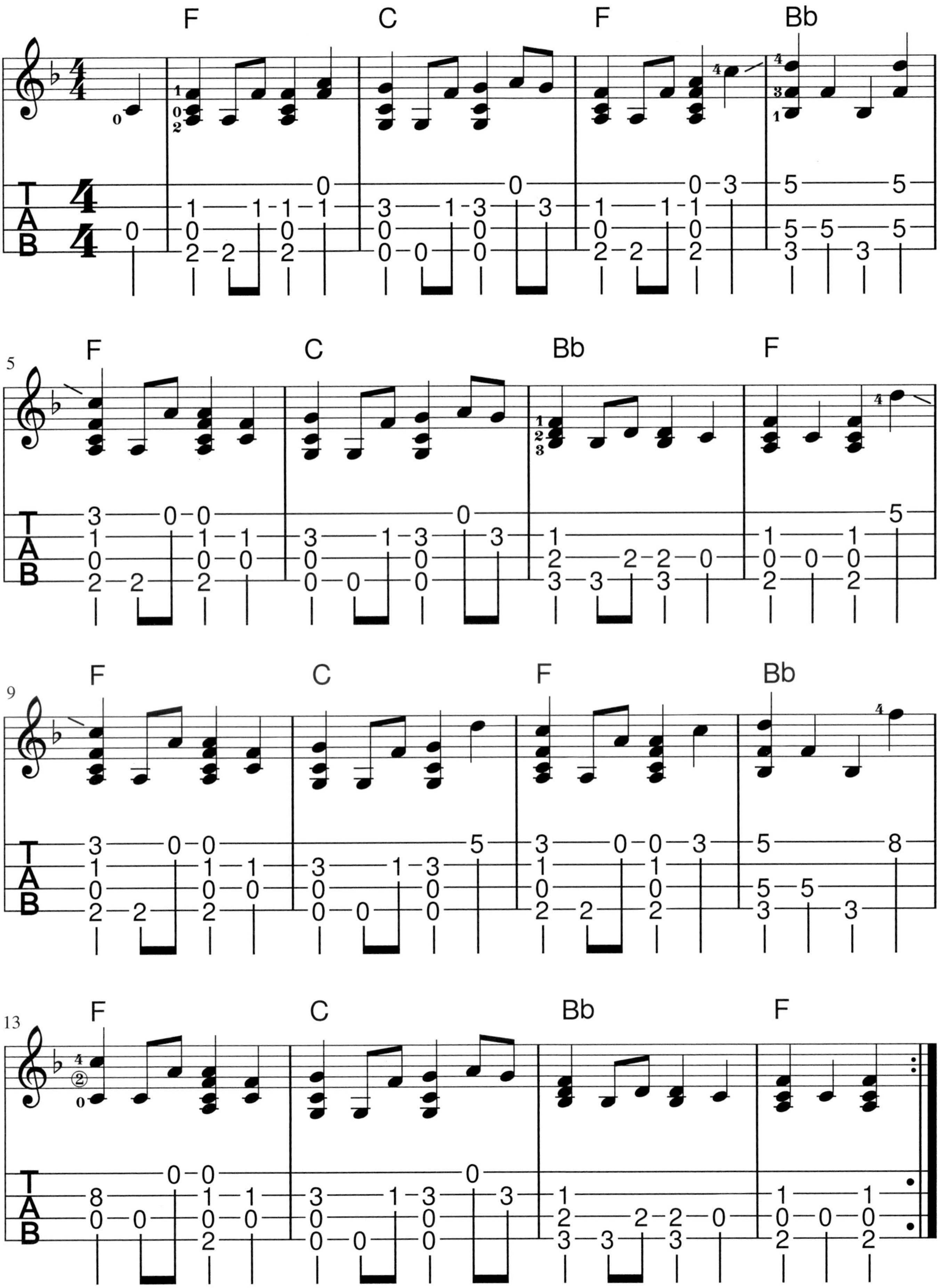

F C F Bb

5 F C Bb F

9 F C F Bb

13 F C Bb F

5. Bella Ciao

Traditional aus Italien, Bearbeitung: Patrick Steinbach

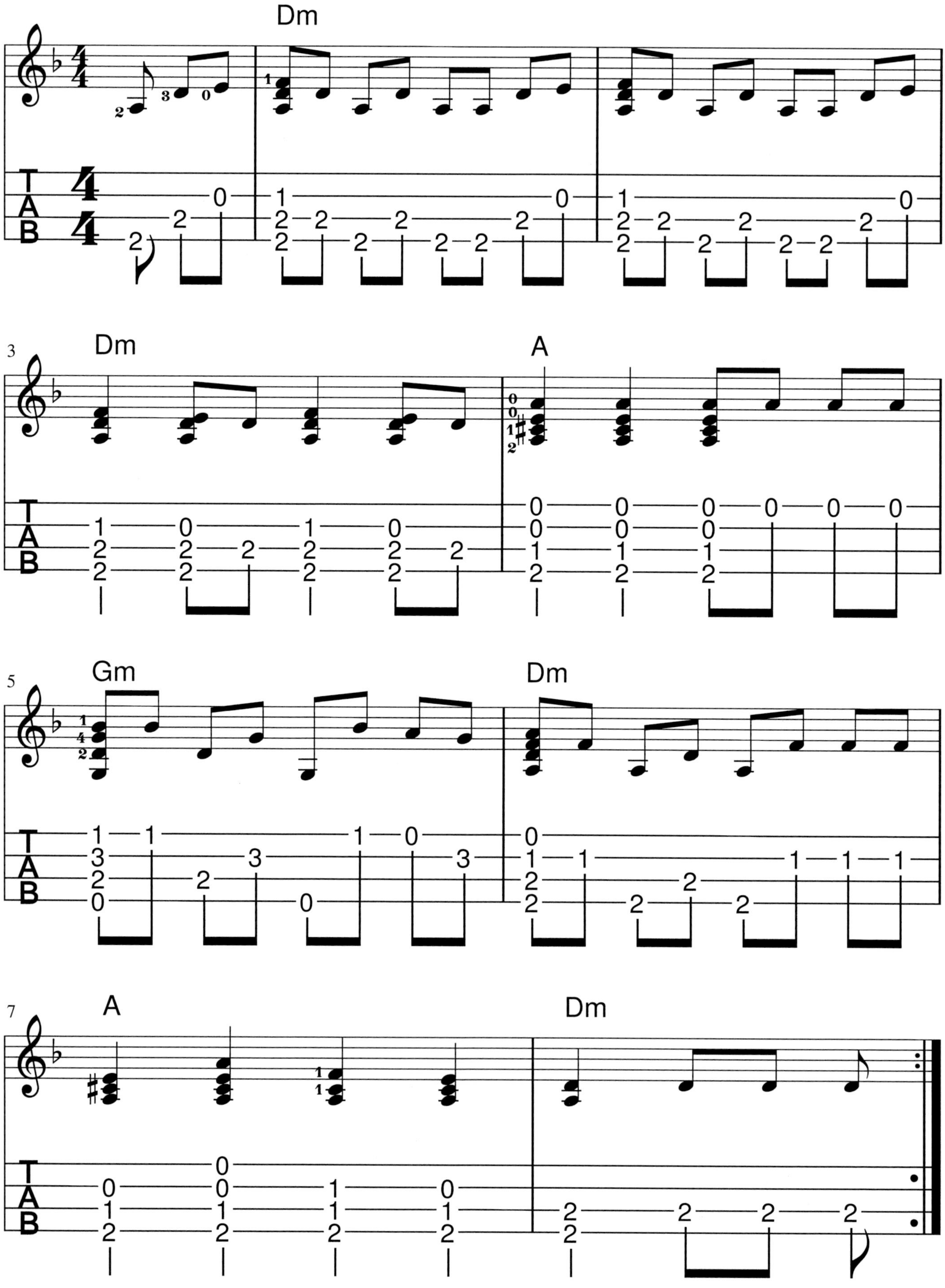

Dm

3 Dm A

5 Gm Dm

7 A Dm

6. Black Cat

Traditional aus Irland, Bearbeitung: Patrick Steinbach

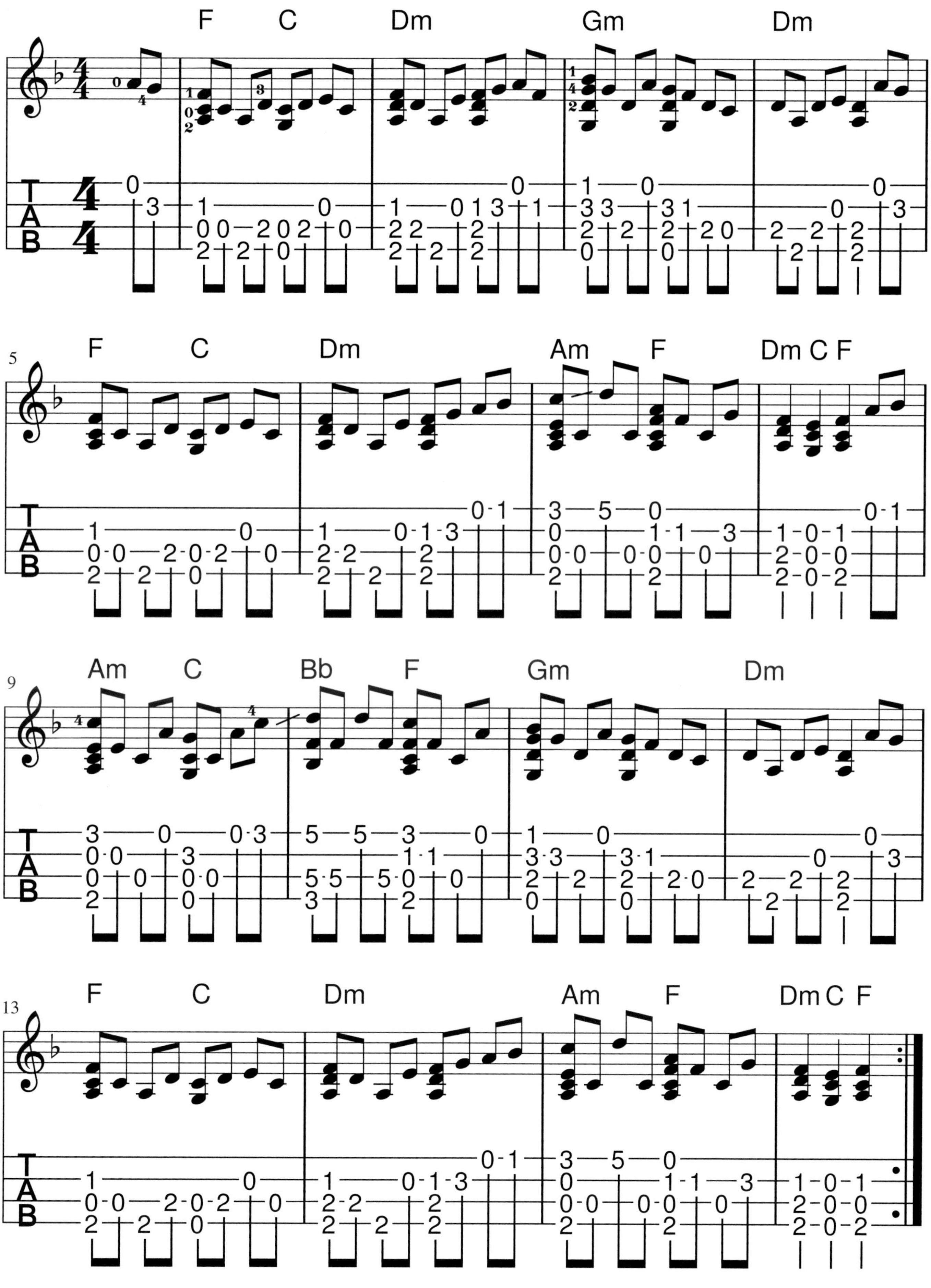

F C | Dm | Gm | Dm

5 F C | Dm | Am F | Dm C F

9 Am C | Bb F | Gm | Dm

13 F C | Dm | Am F | Dm C F

7. Black Is the Colour

Traditional aus Schottland, Bearbeitung: Patrick Steinbach

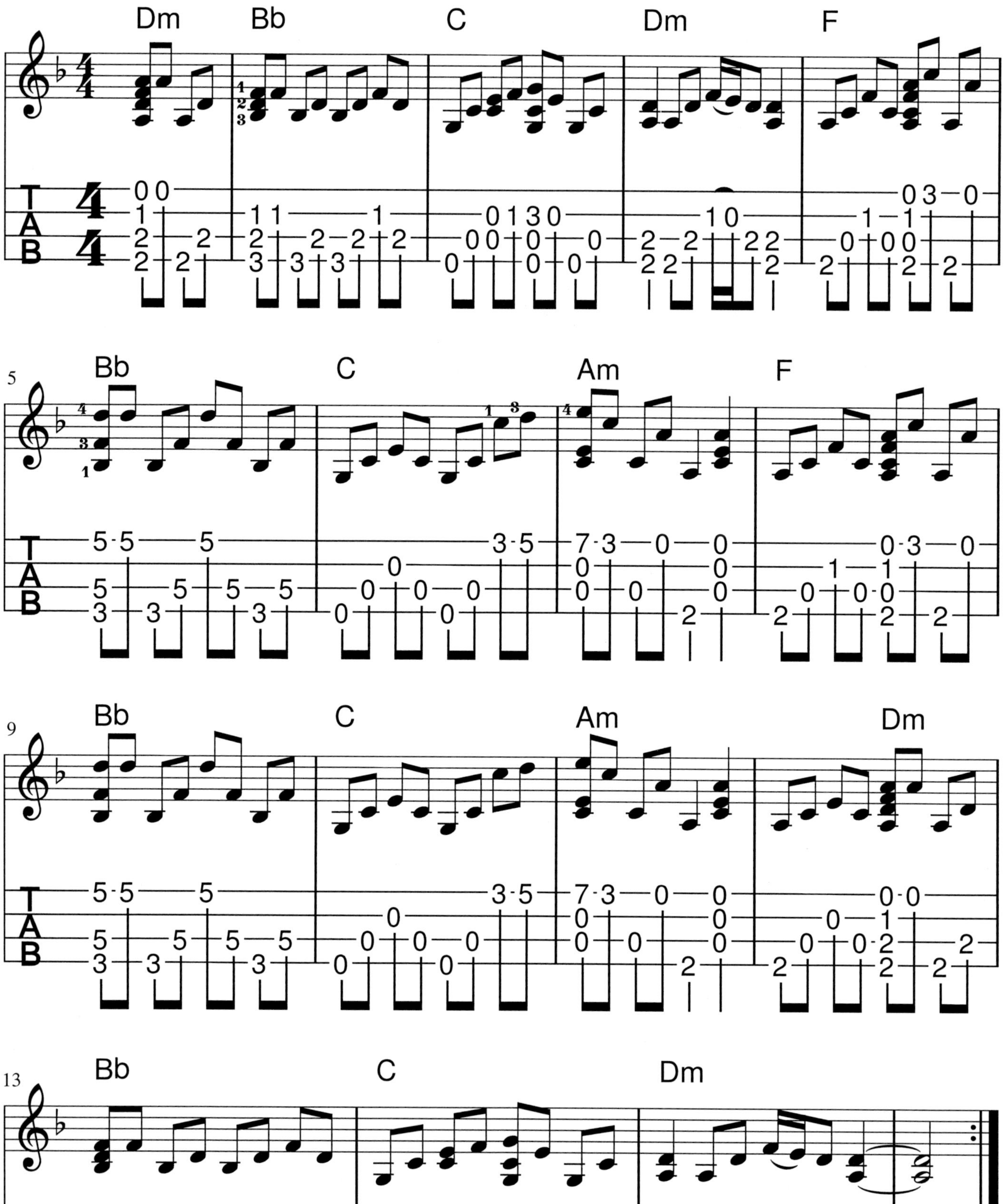

Dm Bb C Dm F

5 Bb C Am F

9 Bb C Am Dm

13 Bb C Dm

8. Blind Harper

Turlough O'Carolan (1670–1738),Patrick Steinbach

Dm C Dm C F Gm Dm Am

5 Dm C Dm C F Gm

9 Dm C Dm

13 F C Dm C Dm Am Dm

9. Bluebird Rag

Traditional aus Amerika, Bearbeitung: Patrick Steinbach

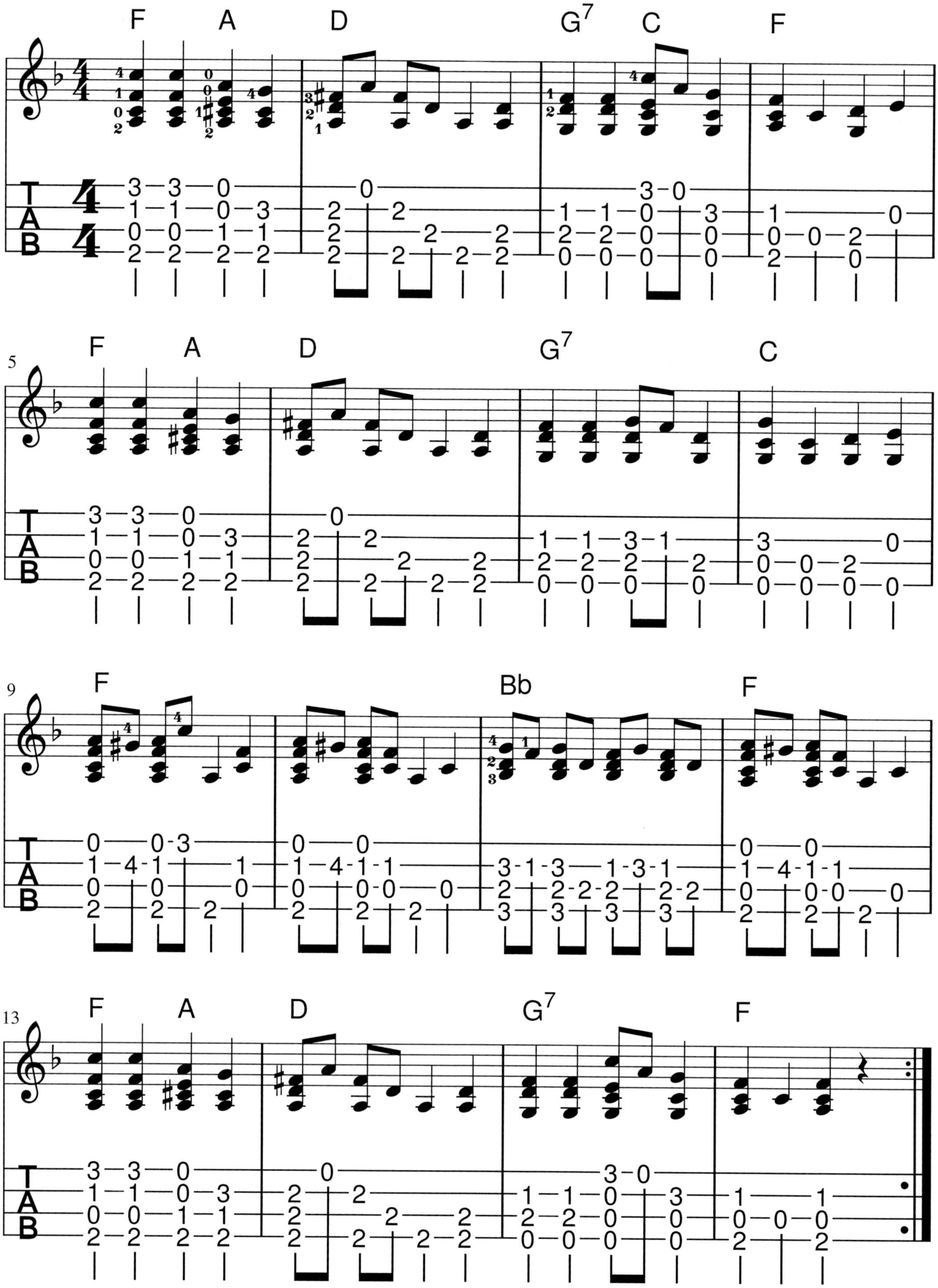

10. Camptown Races

Stephen Collins Foster (1826–1864), Bearbeitung: Patrick Steinbach

11. Canon

Johann Pachelbel (1653–1703), Bearbeitung: Patrick Steinbach

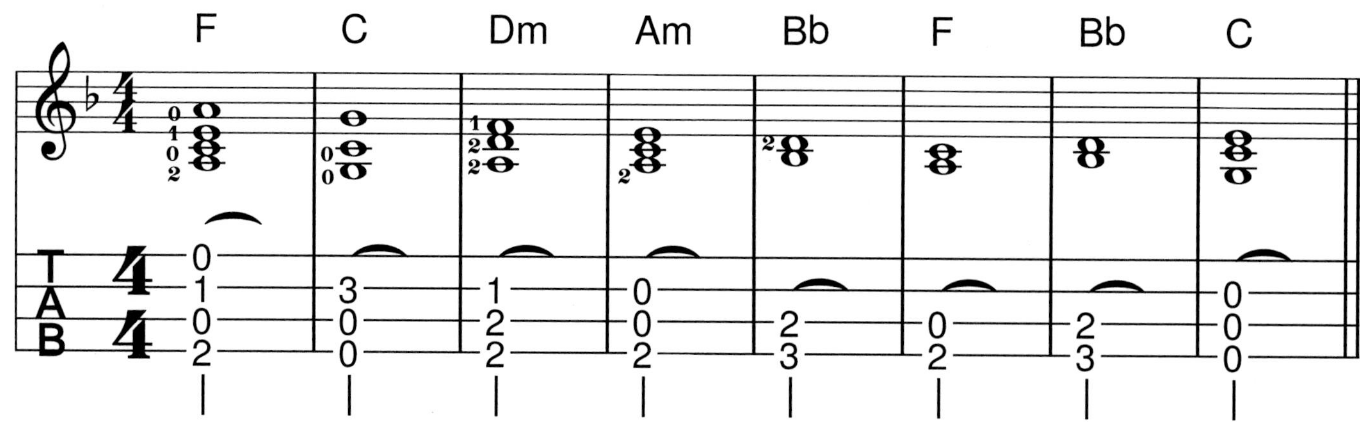

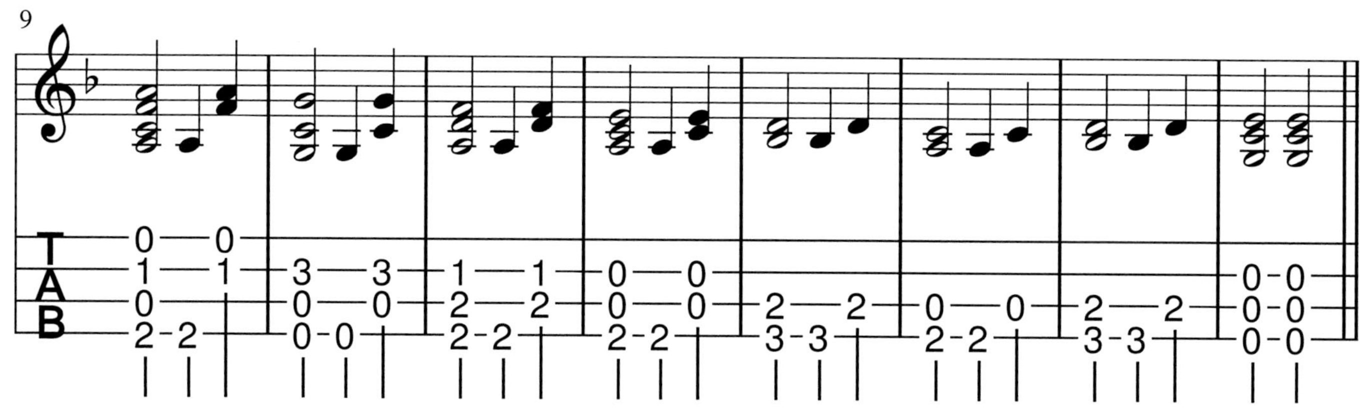

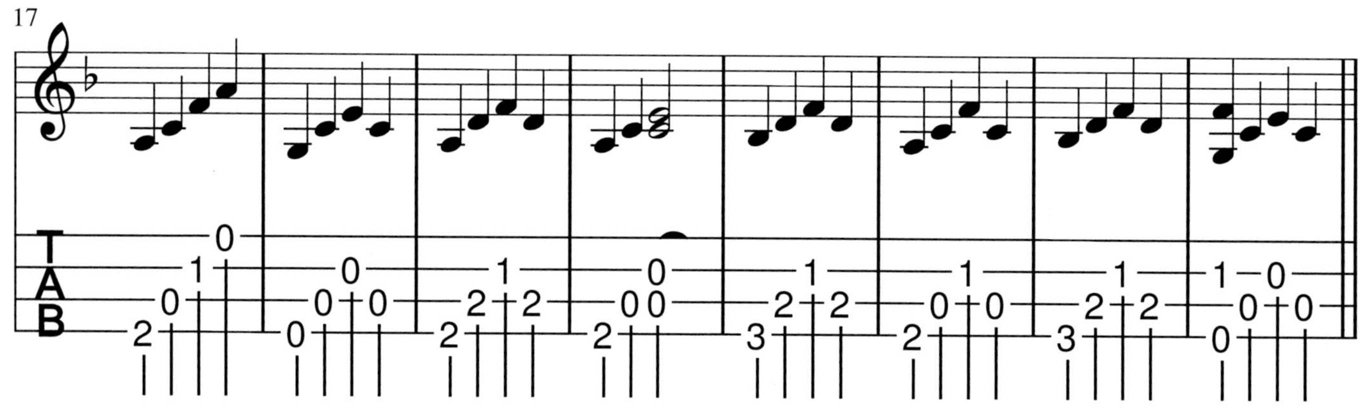

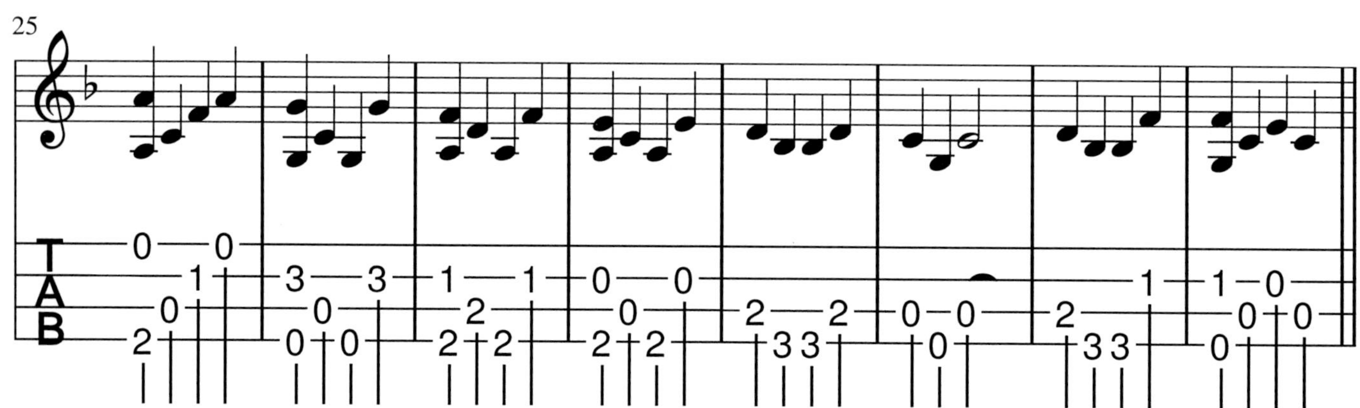

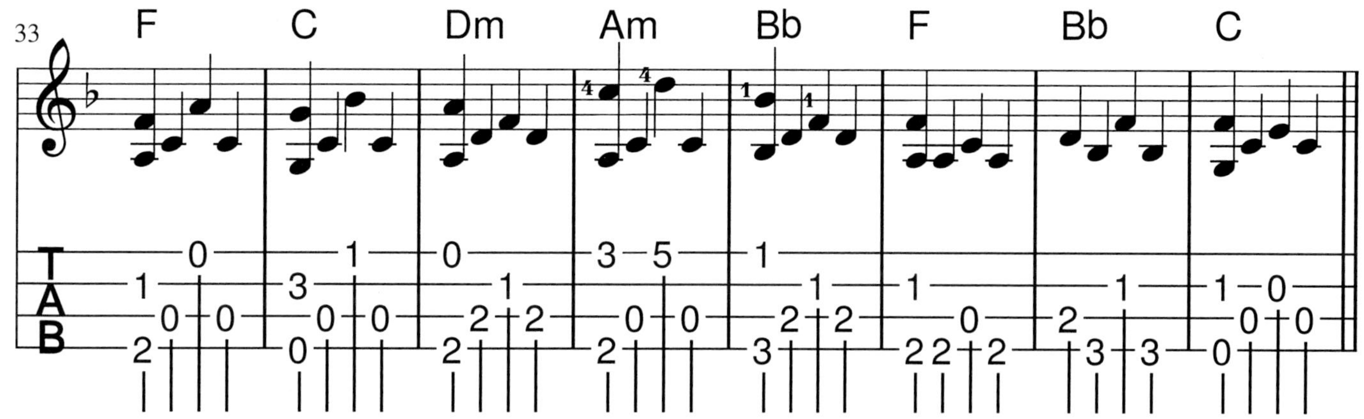
33
F C Dm Am Bb F Bb C
TAB

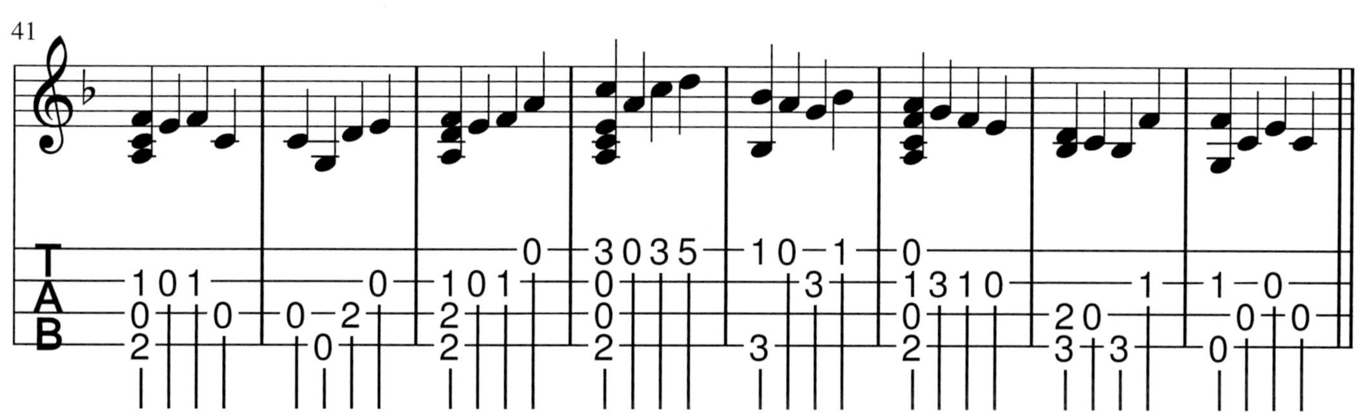
41
TAB

12. Chords Are Friends

Patrick Steinbach

F Dm Gm C^7

13. Deep River Blues

Traditional aus Amerika, Bearbeitung: Patrick Steinbach

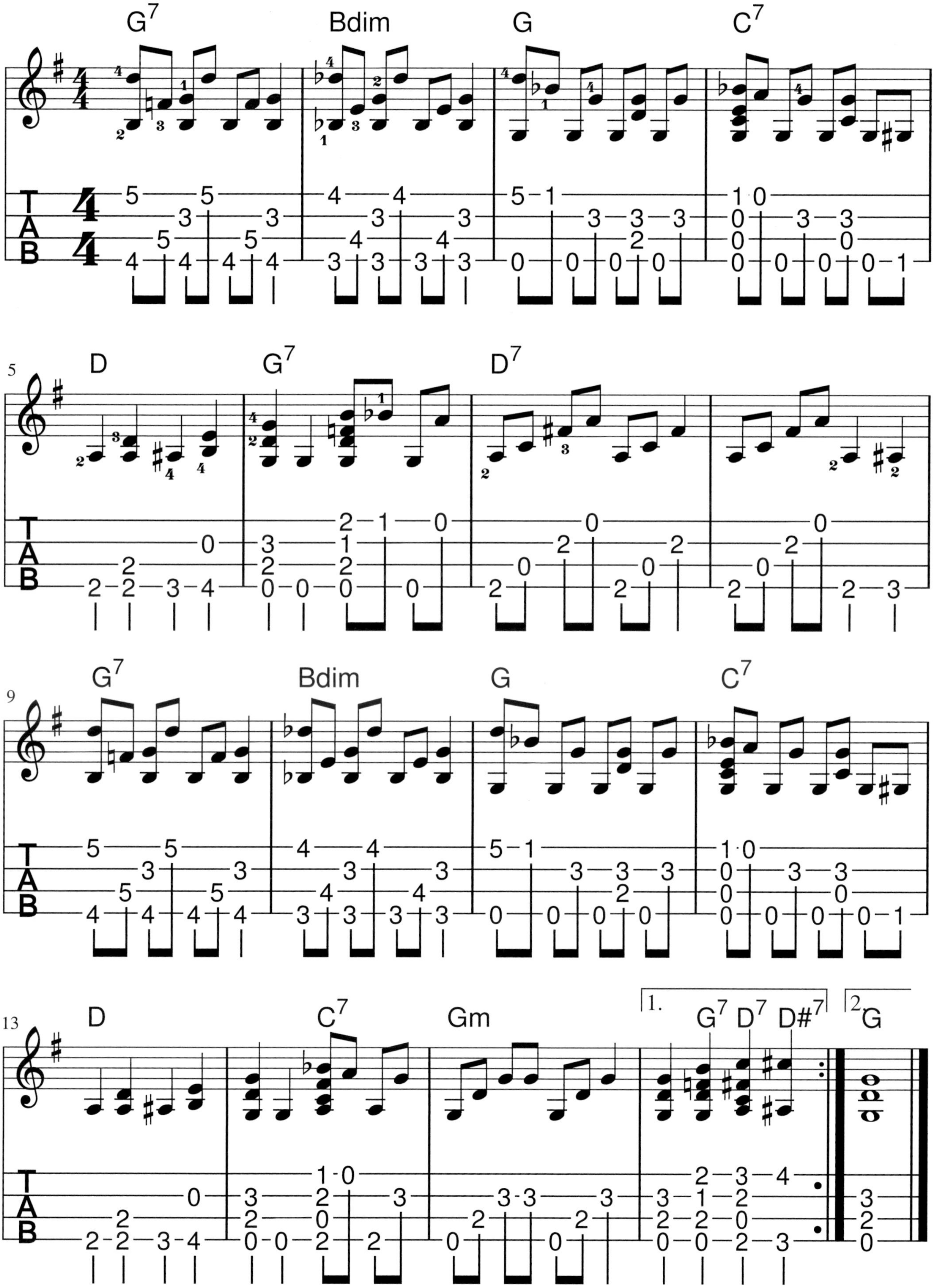

G7 Bdim G C7

5 D G7 D7

9 G7 Bdim G C7

13 D C7 Gm 1. G7 D7 D#7 2. G

14. Down by the Riverside

Gospel aus den USA, 19. Jahrhundert, Bearbeitung: Patrick Steinbach

G

5 D G

9 G

13 G D G D G

15. Eine kleine Nachtmusik (Thema)

Wolfgang Amadeus Mozart (1756–1791), Bearbeitung: Patrick Steinbach

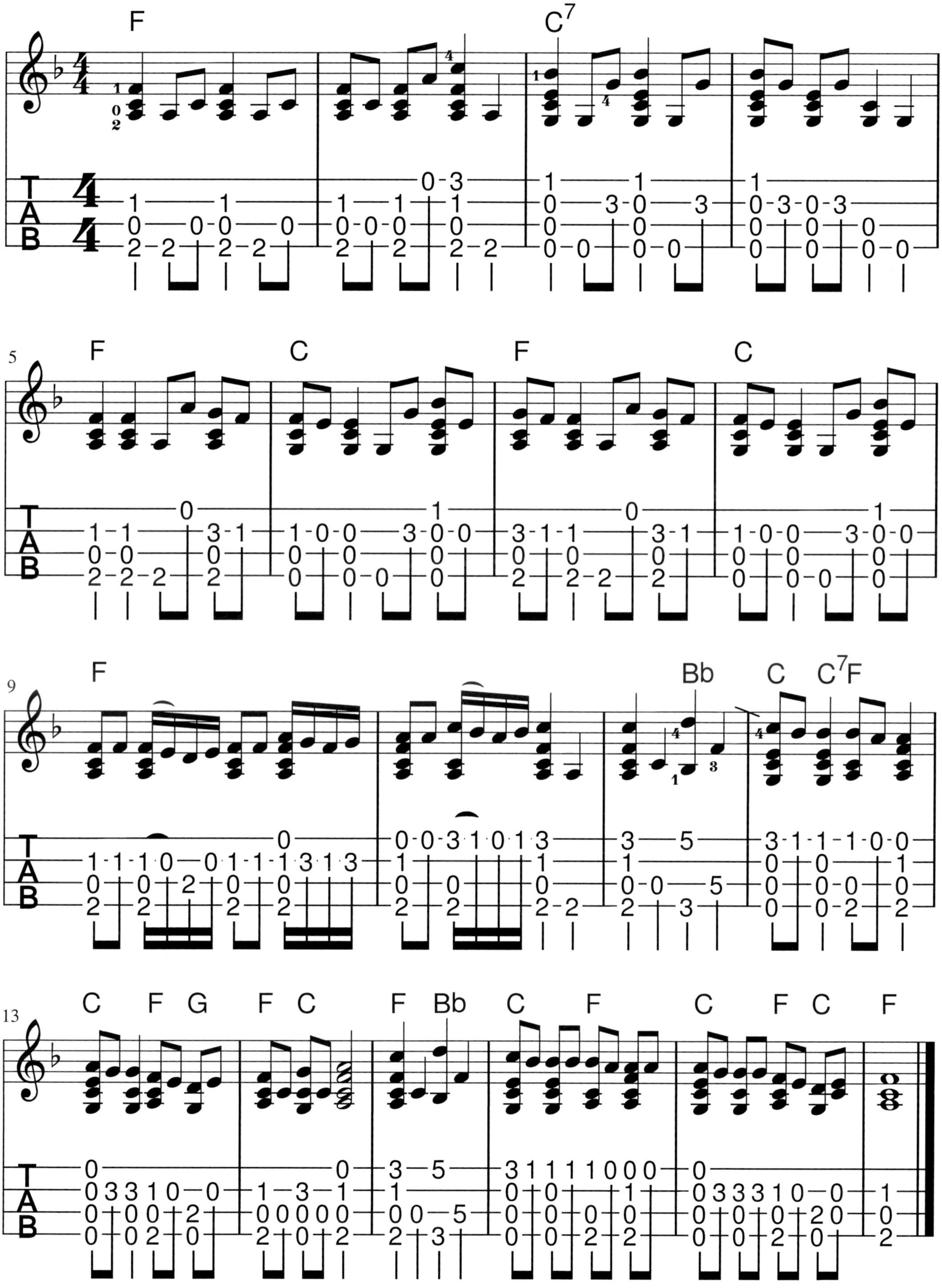

16. Fine Picking

Patrick Steinbach

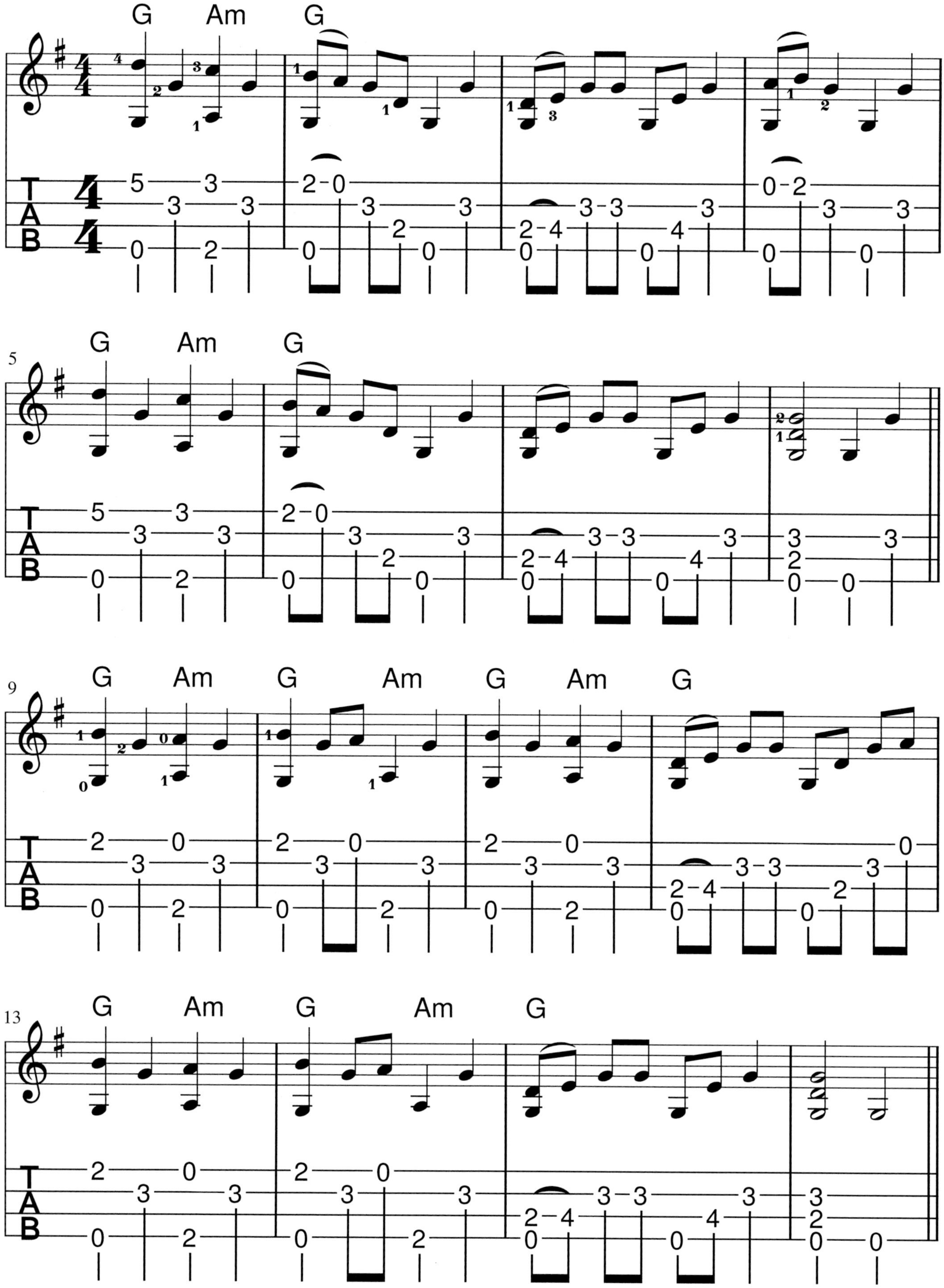

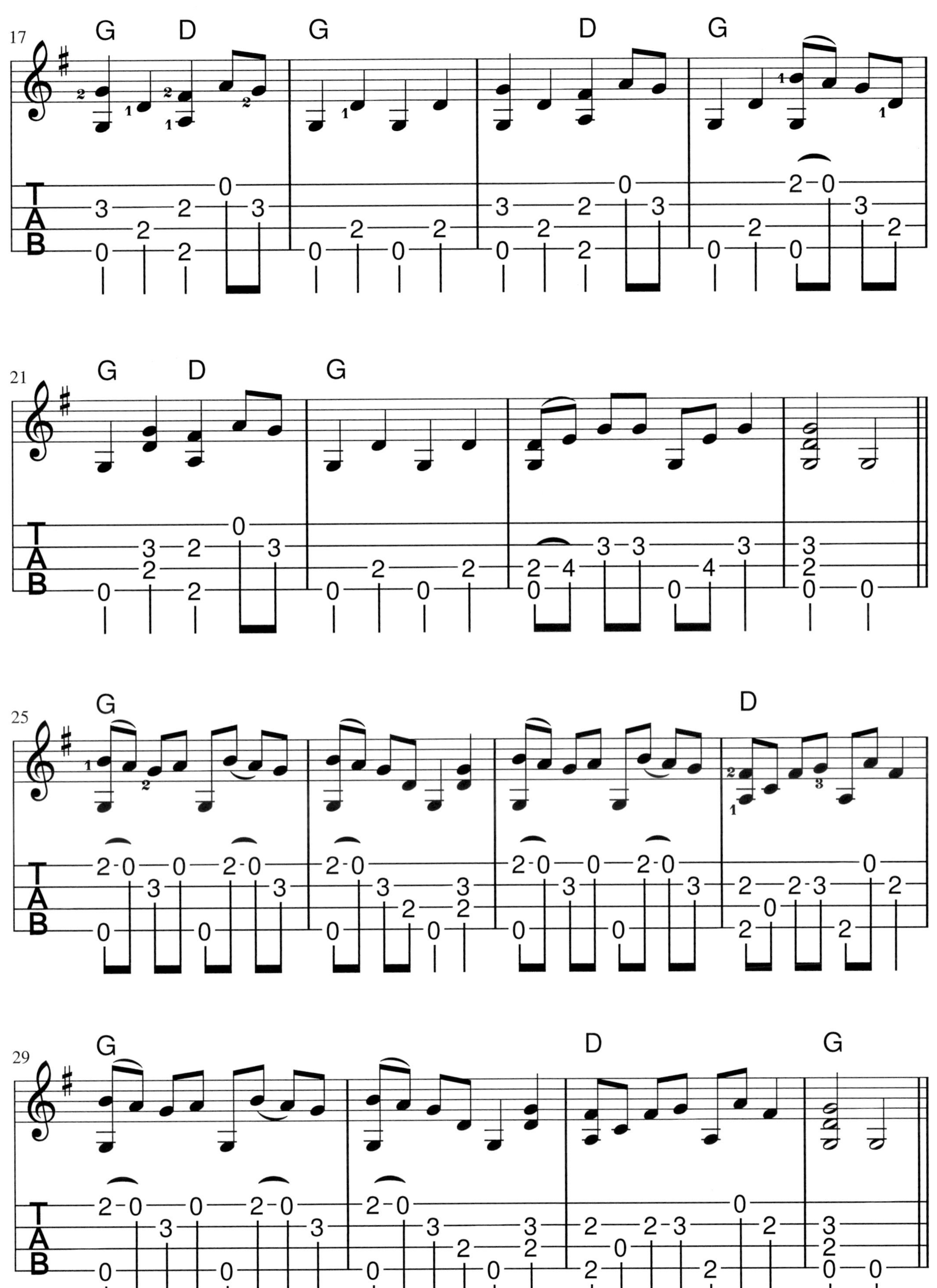
17
G D G D G
TAB
21
G D G
TAB
25
G D
TAB
29
G D G
TAB

17. Fiddler's Green

Traditional aus Irland, Bearbeitung: Patrick Steinbach

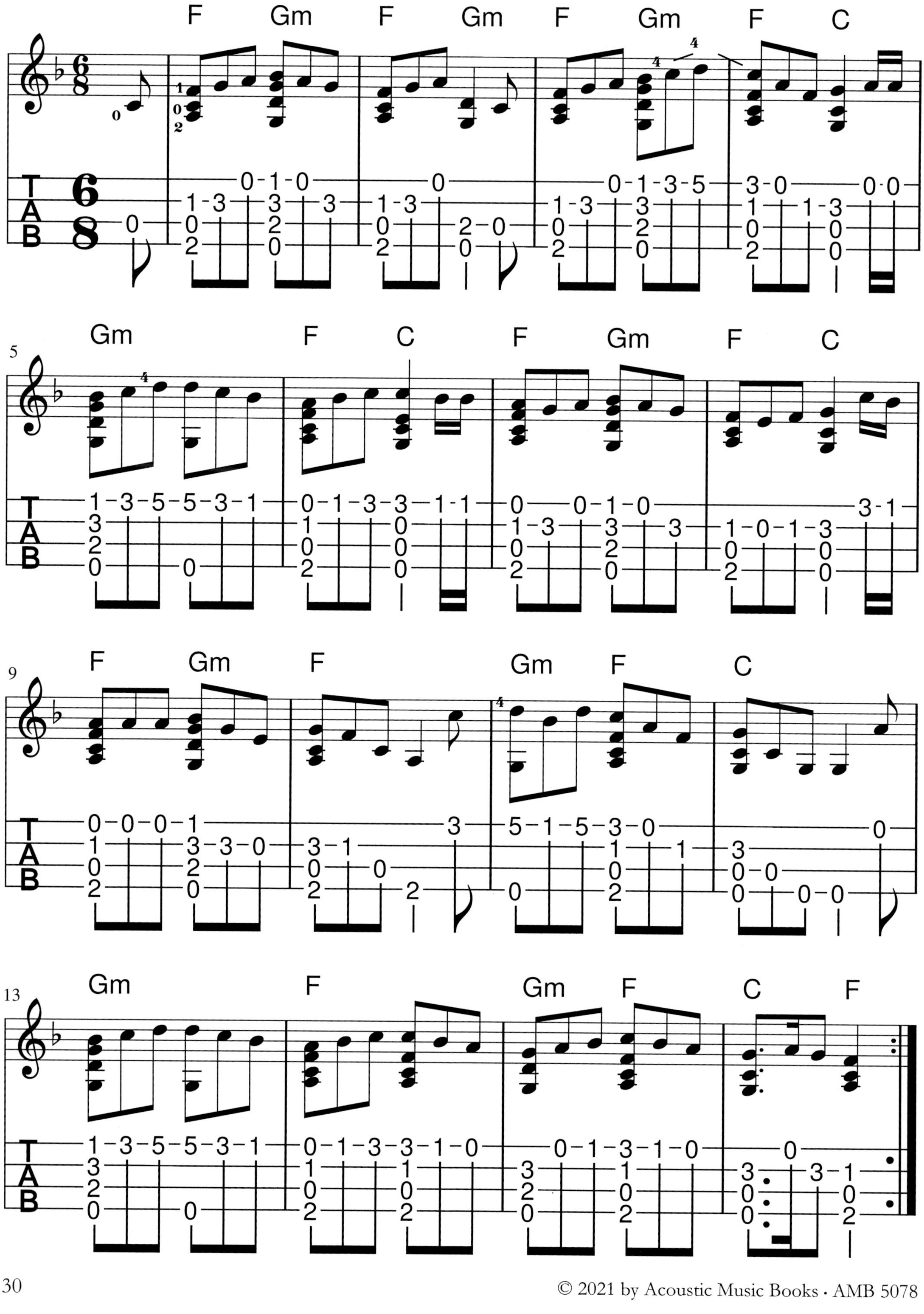

F Gm F Gm F Gm F C

5 Gm F C F Gm F C

9 F Gm F Gm F C

13 Gm F Gm F C F

18. Flow, My Tears

John Dowland (1563–1626)

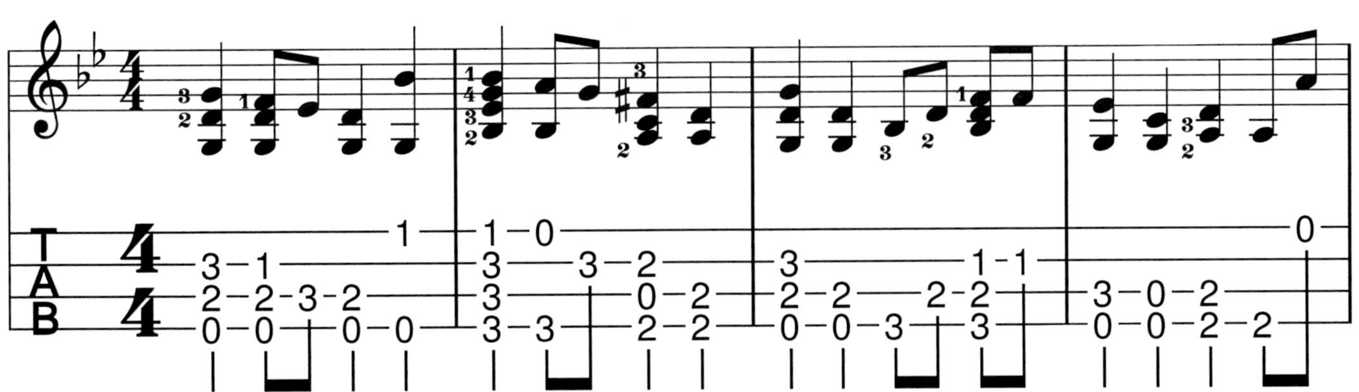

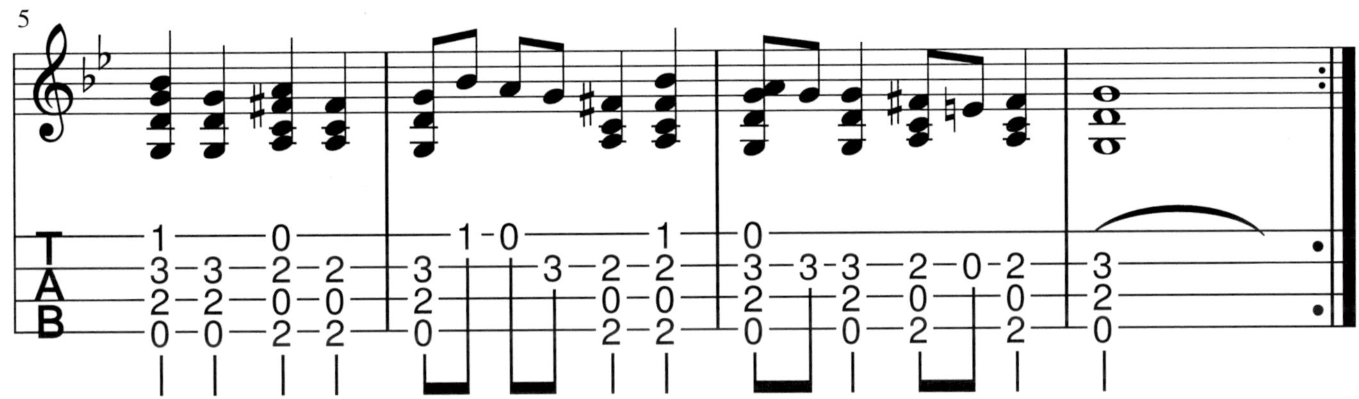

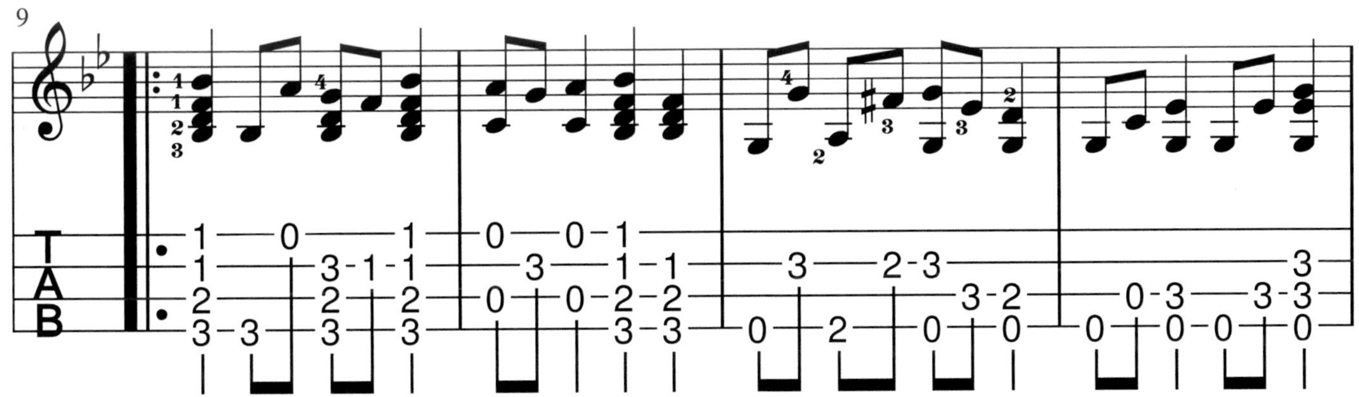

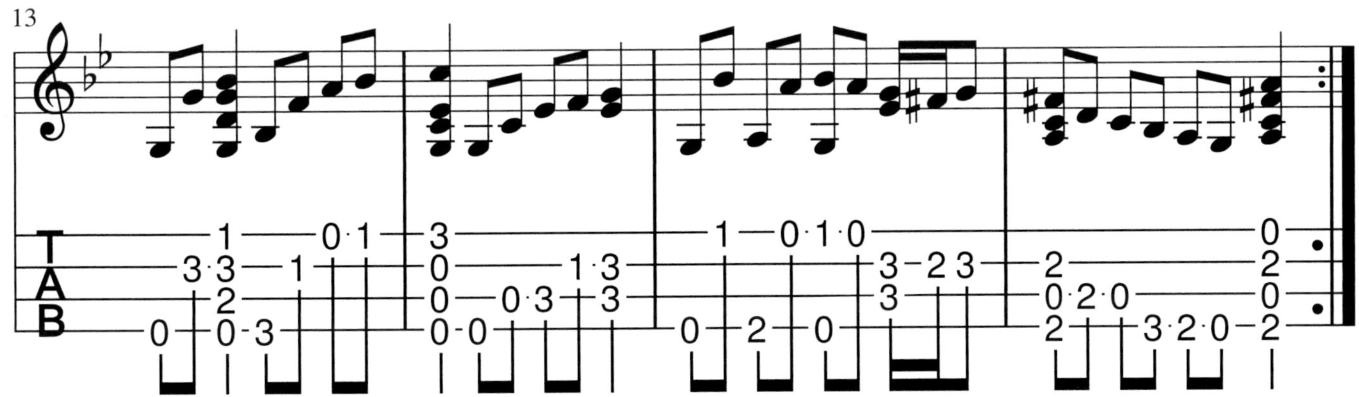

19. Foggy Dew

Traditional aus Irland

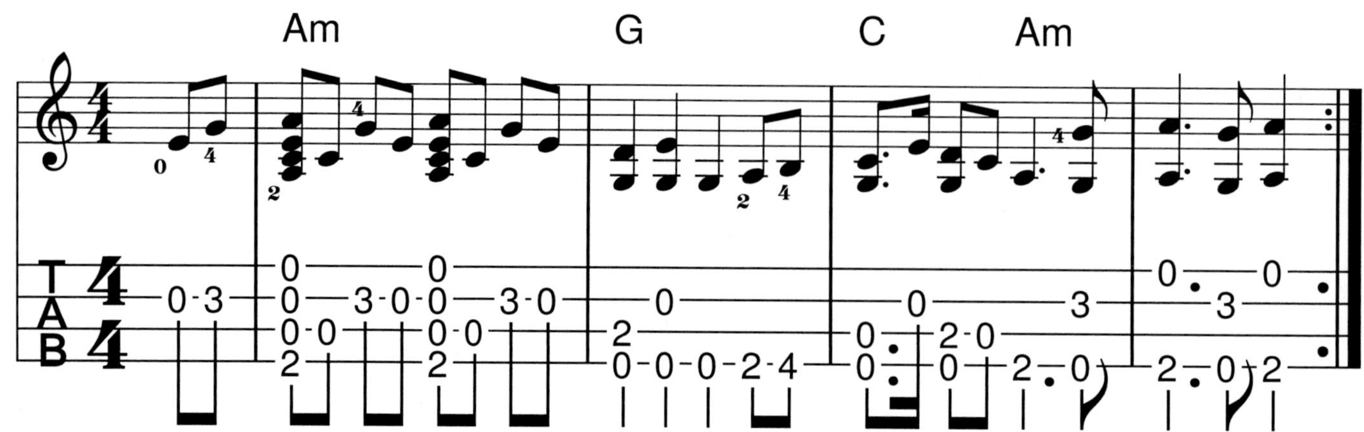

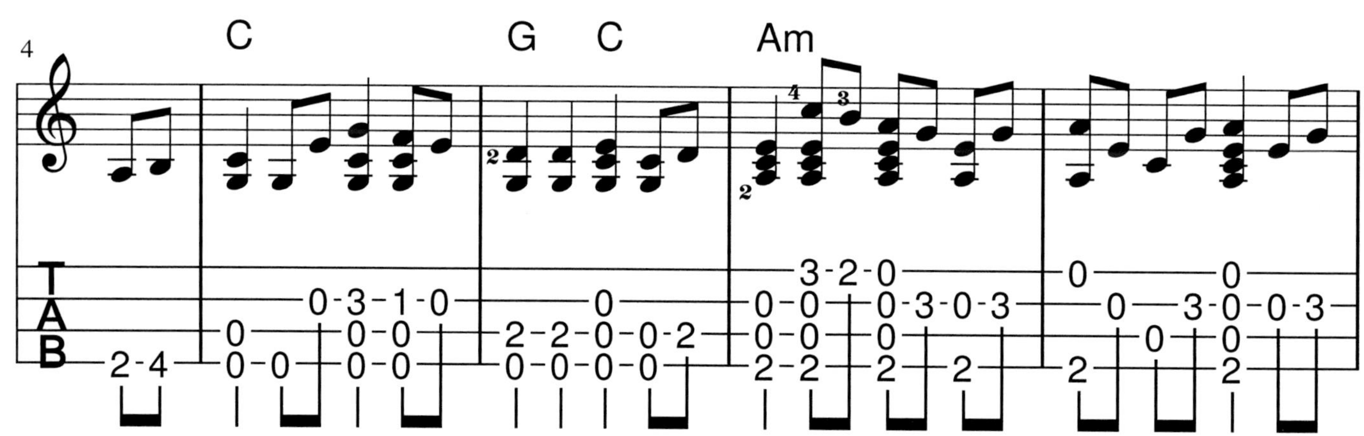

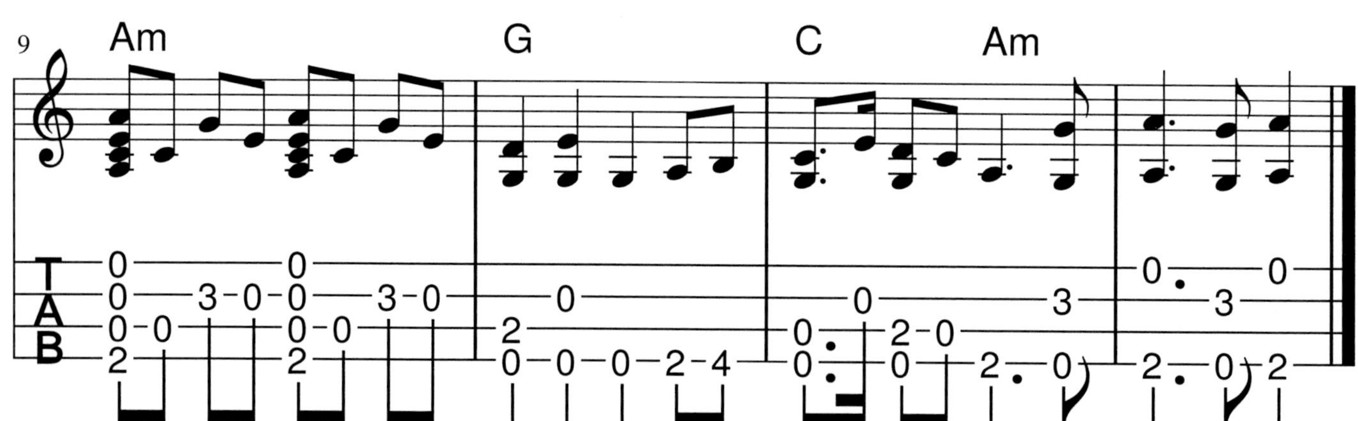

20. Gavotte de Montagnes

Traditional aus der Bretagne, Bearbeitung: Patrick Steinbach

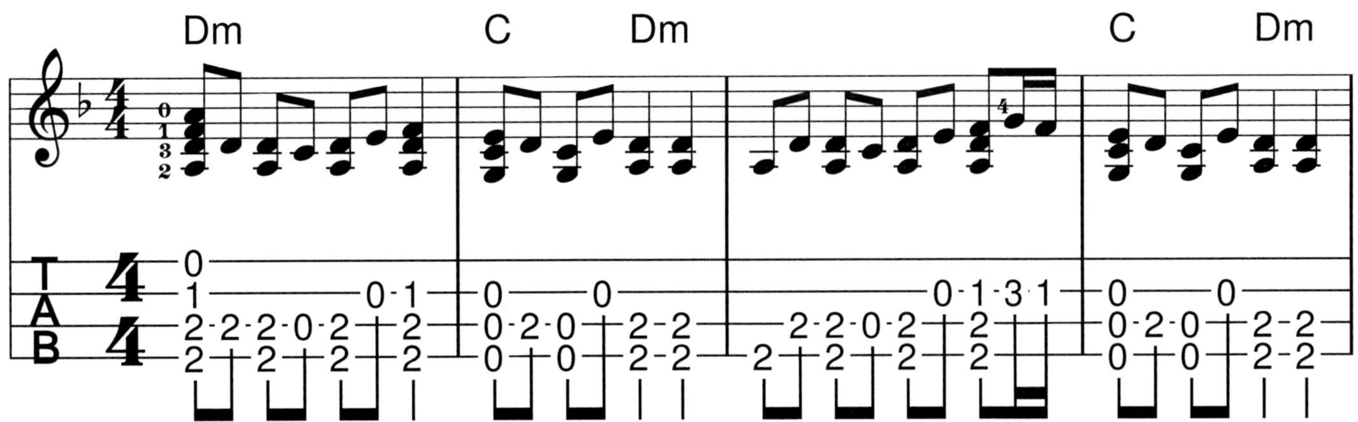

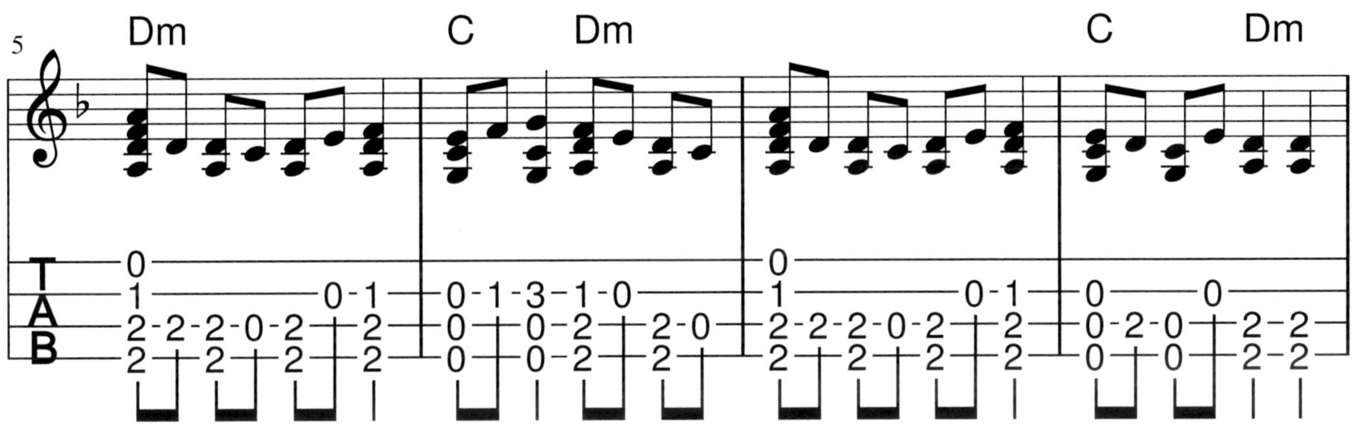

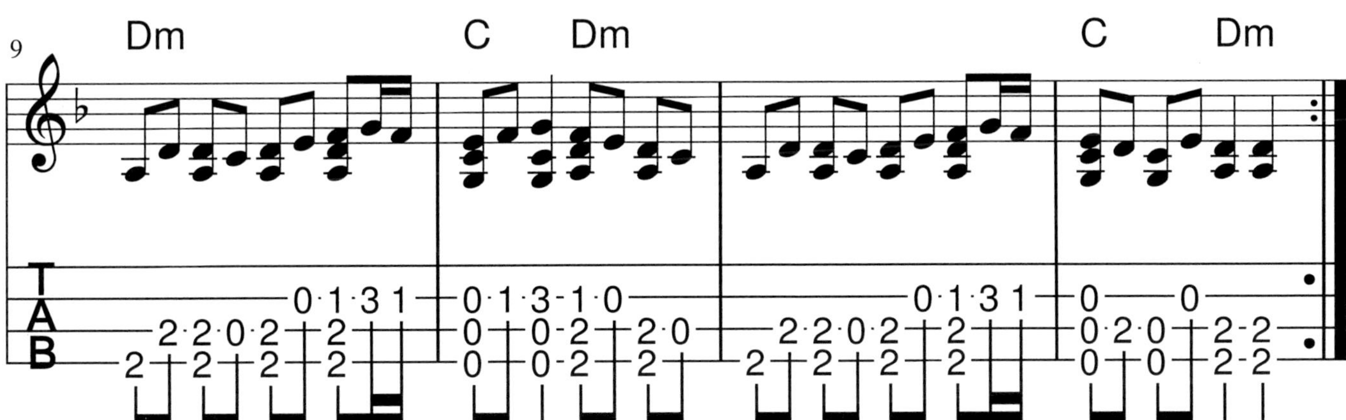

21. Glory, Glory, Hallelujah!

Gospel aus Amerika, Bearbeitung: Patrick Steinbach

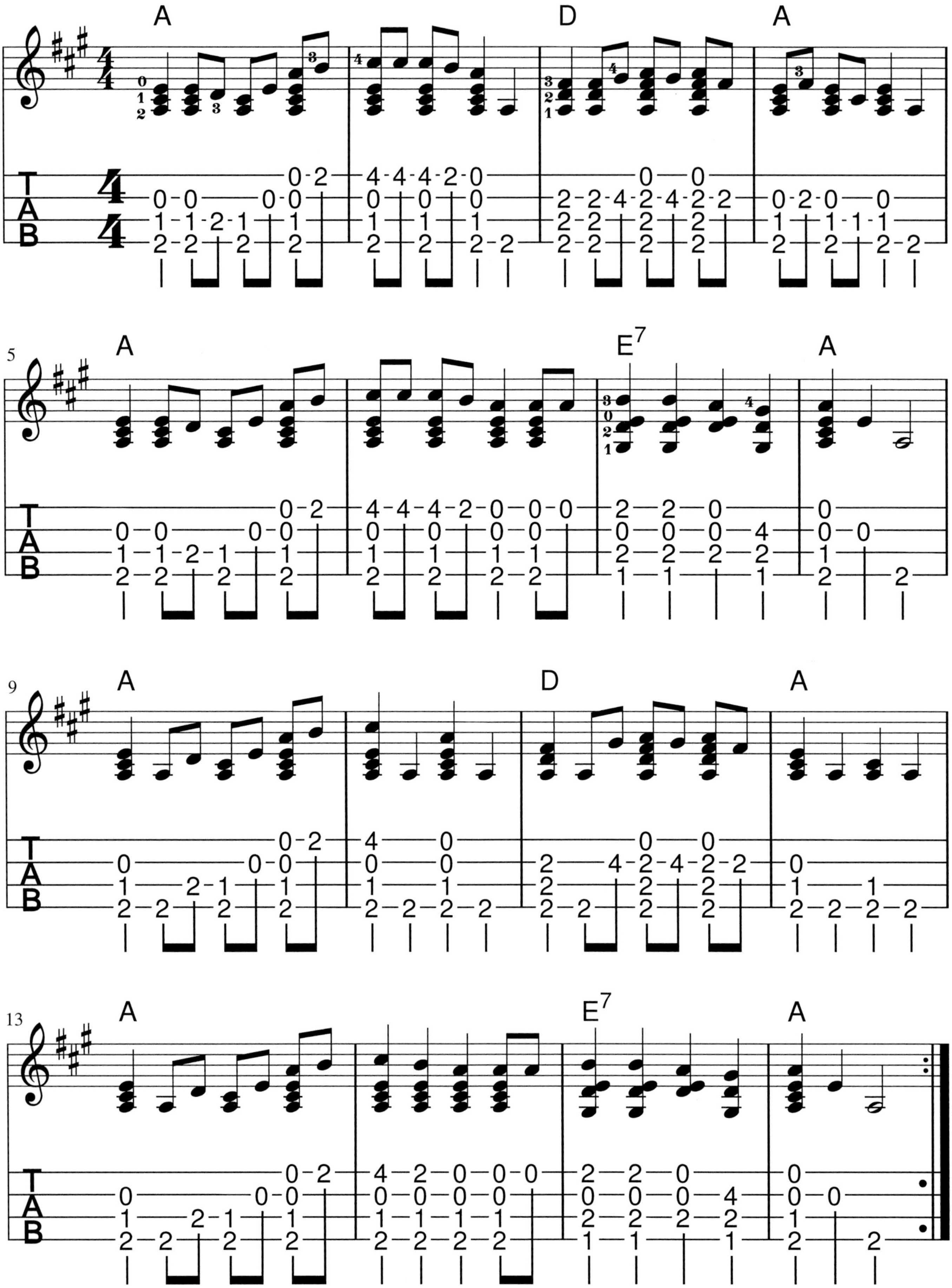

22. God Rest You Merry, Gentlemen

Englisches Weihnachtslied, Bearbeitung: Patrick Steinbach

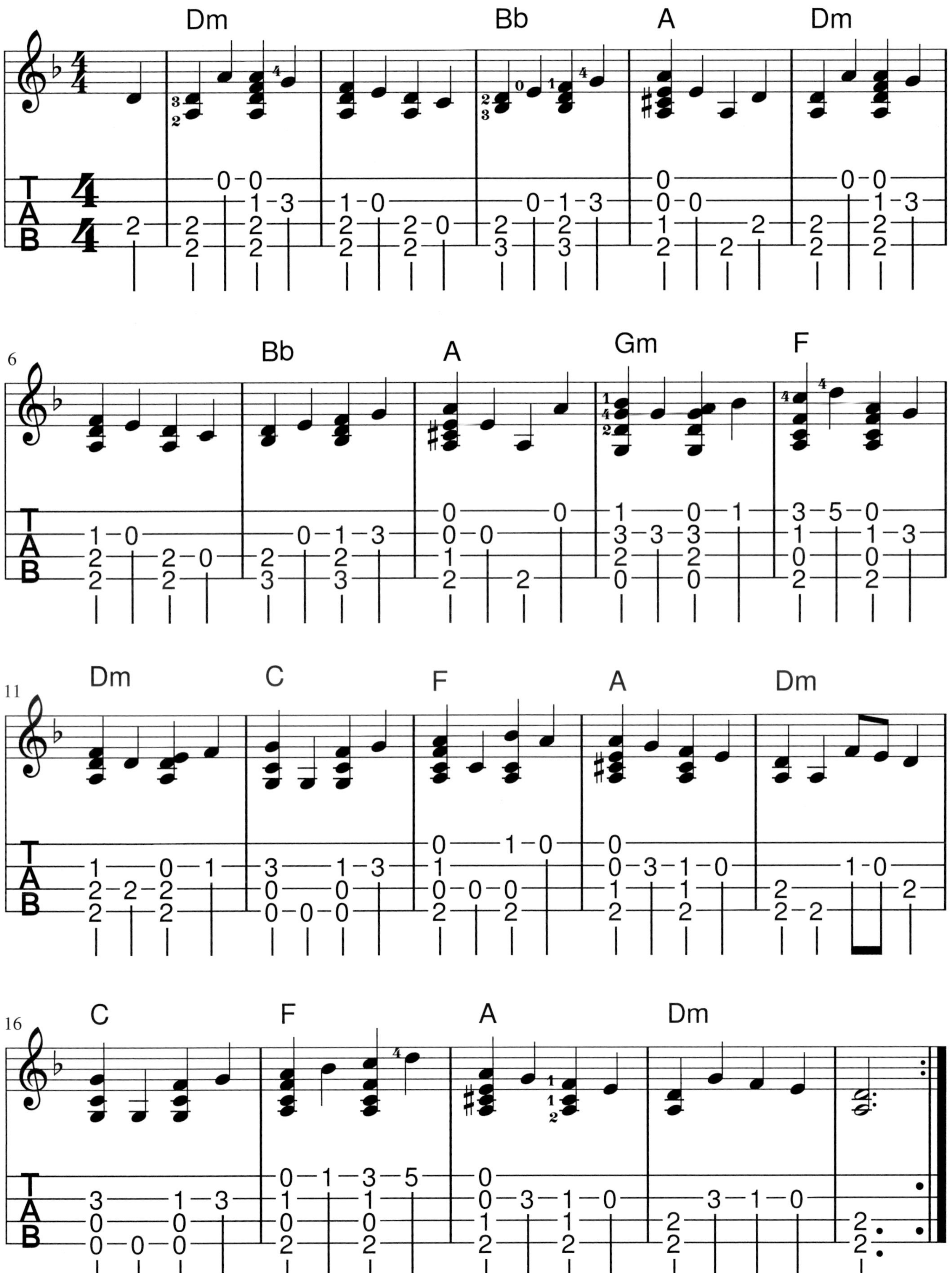

Dm Bb A Dm

6 Bb A Gm F

11 Dm C F A Dm

16 C F A Dm

23. Guitar Swing

Patrick Steinbach

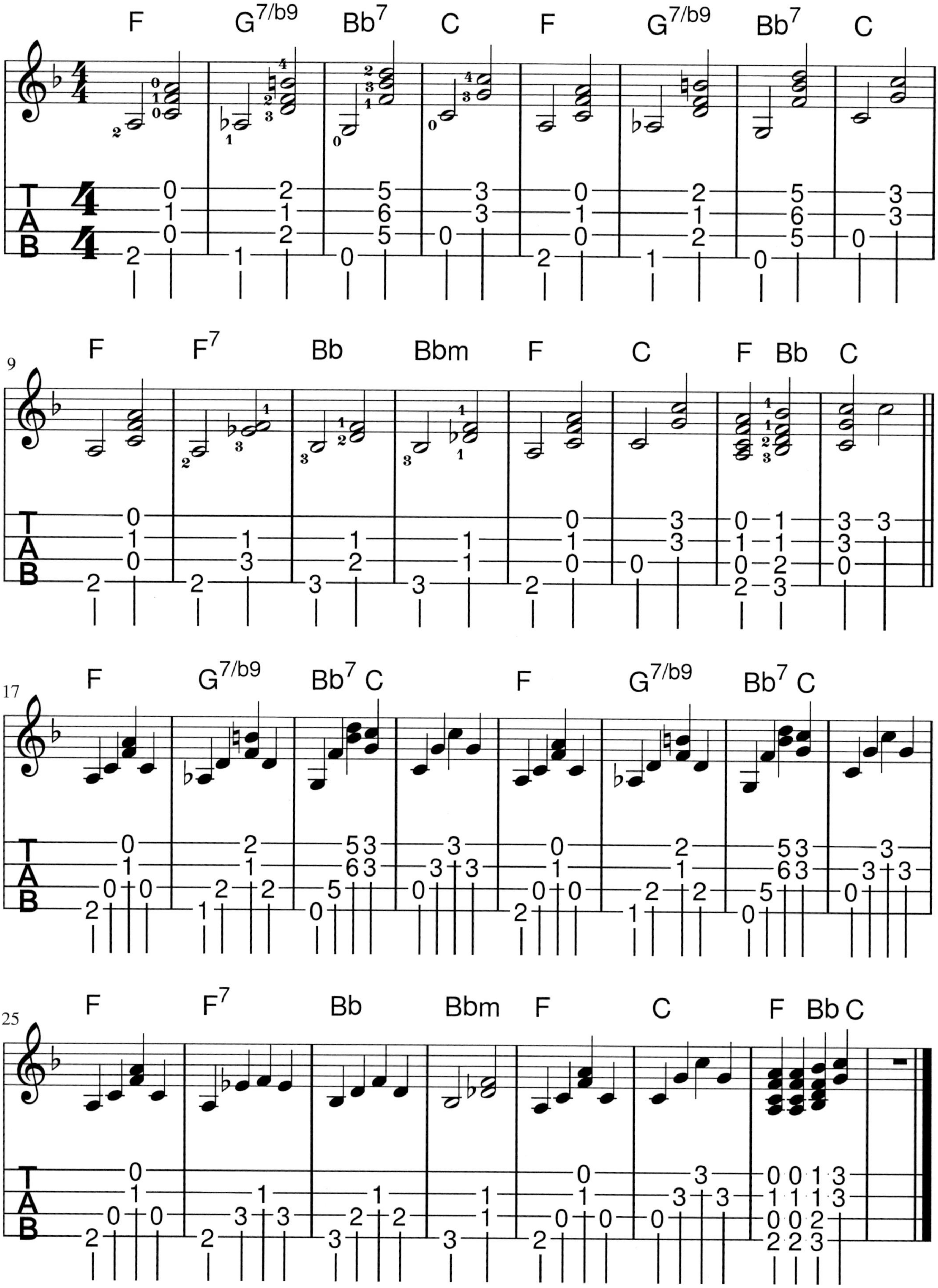

F G7/b9 Bb7 C F G7/b9 Bb7 C

F F7 Bb Bbm F C F Bb C

F G7/b9 Bb7 C F G7/b9 Bb7 C

F F7 Bb Bbm F C F Bb C

24. Hatikva

Hymne Israels, Melodie: Samuel Cohen (1870–1940), Bearbeitung: Patrick Steinbach

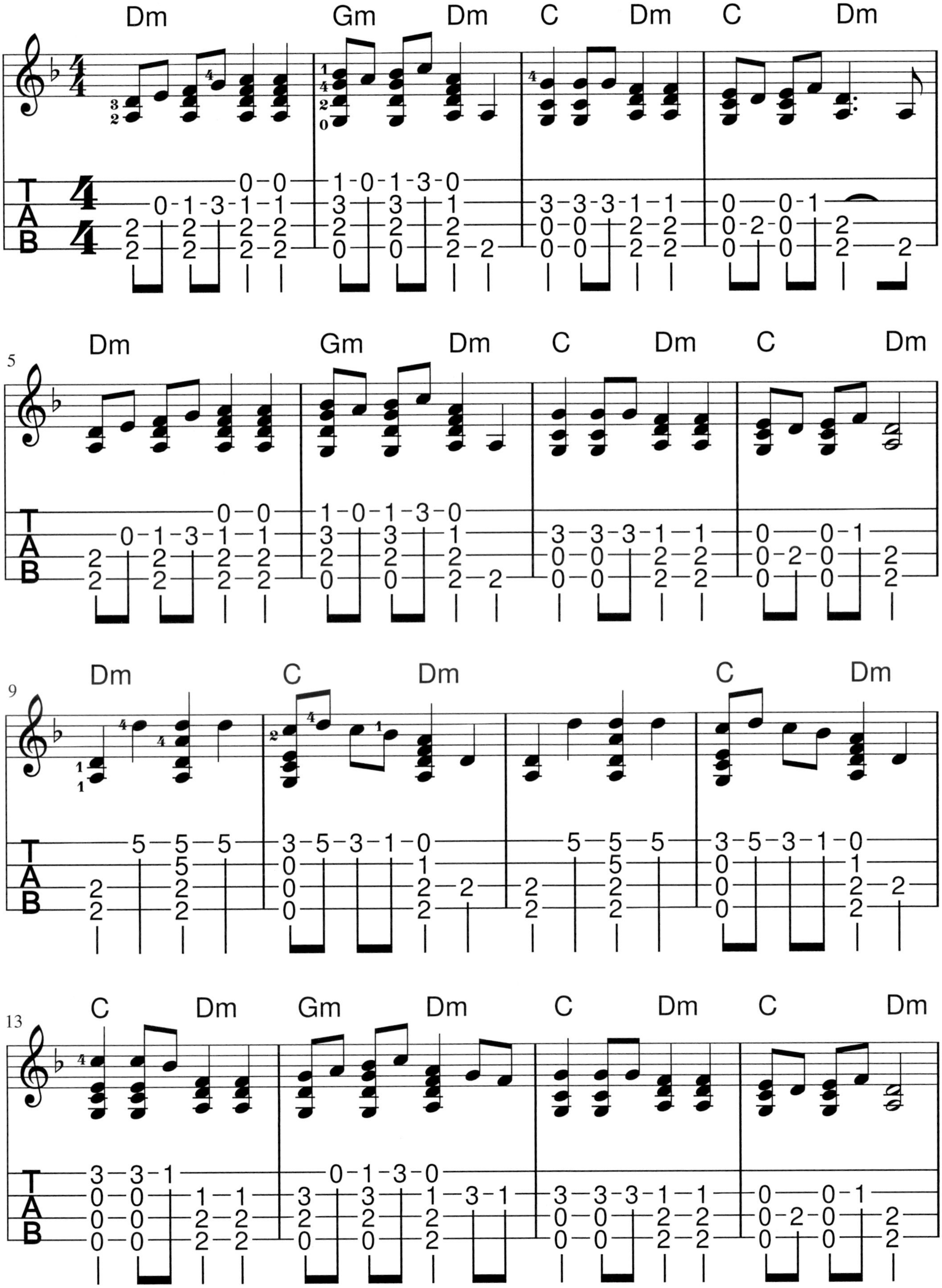

25. Here's a Health to the Company

Traditional aus Irland, Bearbeitung: Patrick Steinbach

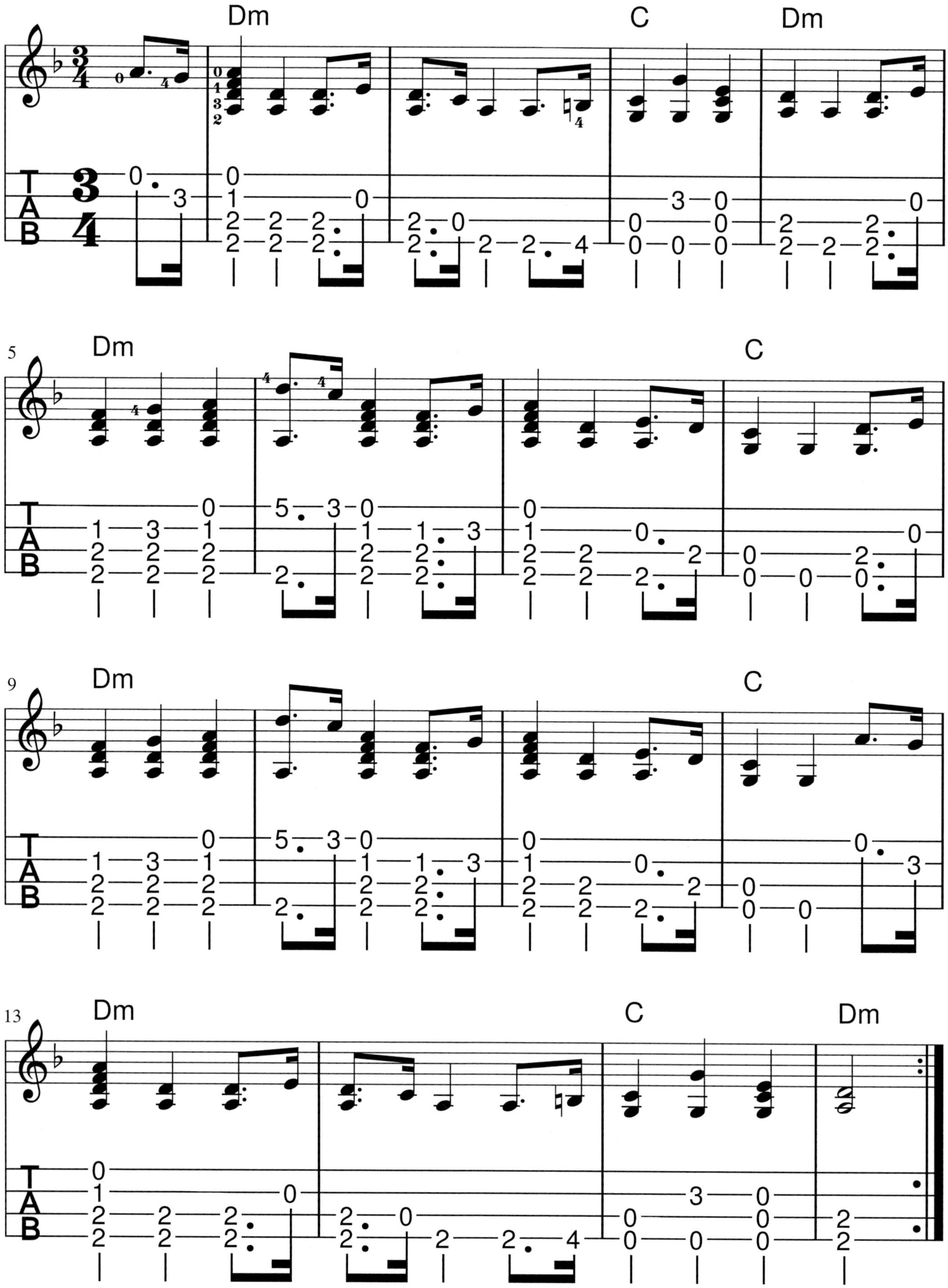

26. House of the Rising Sun (1) - Akkorde

Traditional aus Amerika, Bearbeitung: Patrick Steinbach

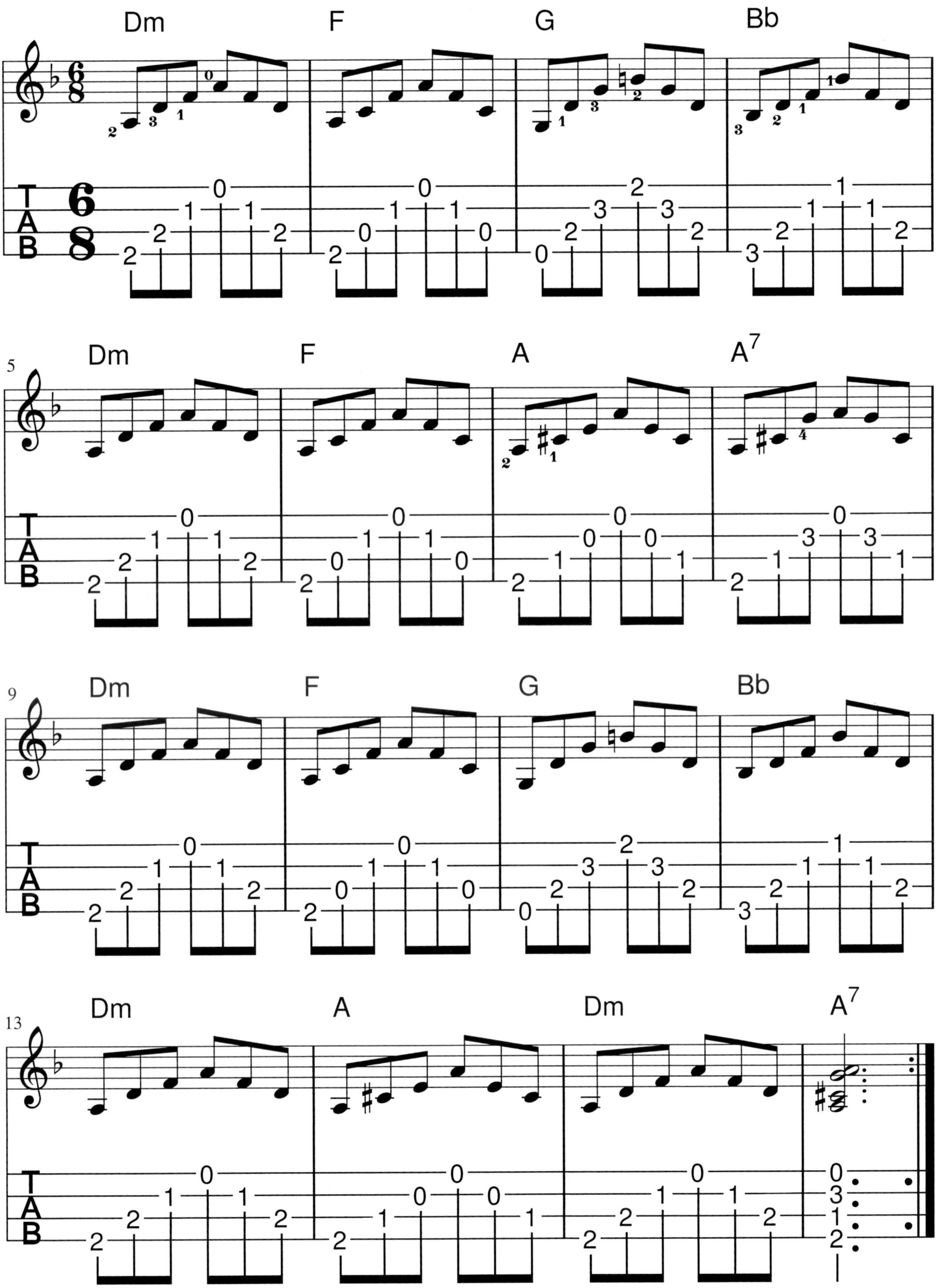

Dm F G Bb

5 Dm F A A7

9 Dm F G Bb

13 Dm A Dm A7

27. House of the Rising Sun (2) - Mit Melodie

Traditional aus Amerika,
Bearbeitung: Patrick Steinbach

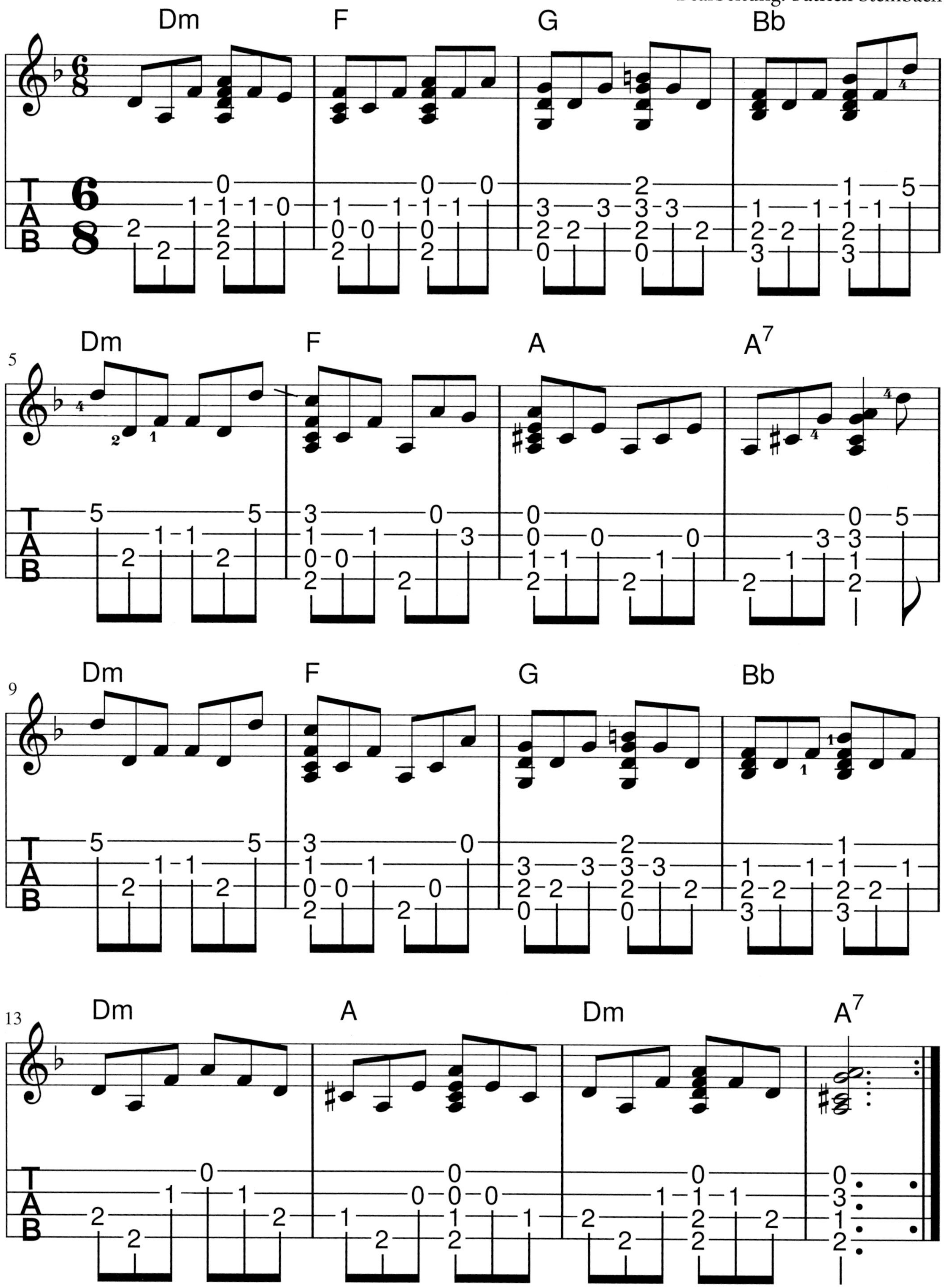

Dm F G Bb

5 Dm F A A^7

9 Dm F G Bb

13 Dm A Dm A^7

28. Hundred Pipers

Traditional aus Schottland, Bearbeitung: Patrick Steinbach

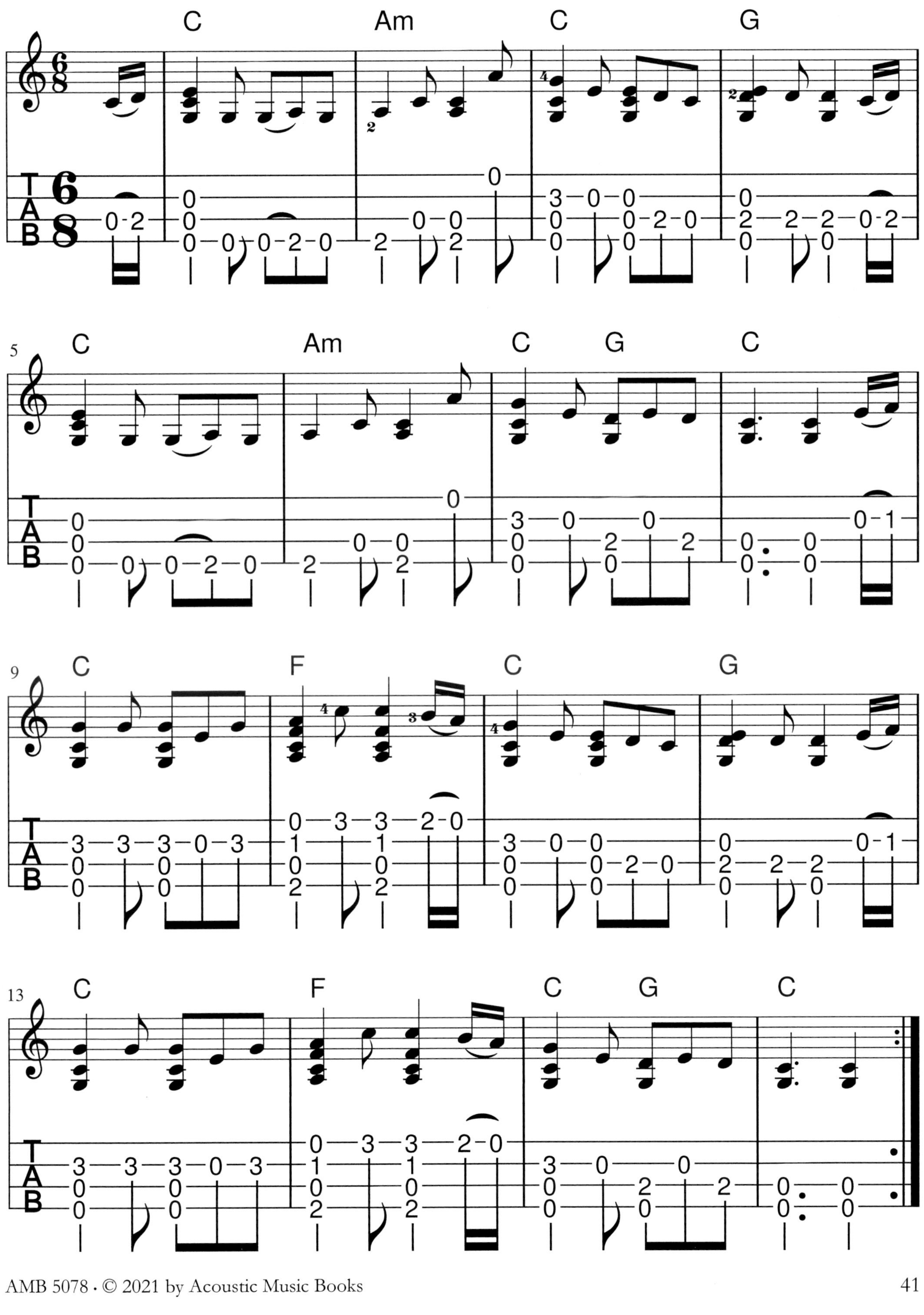

C Am C G

5 C Am C G C

9 C F C G

13 C F C G C

29. I Like the Flowers

Kinderlied, Bearbeitung: Patrick Steinbach

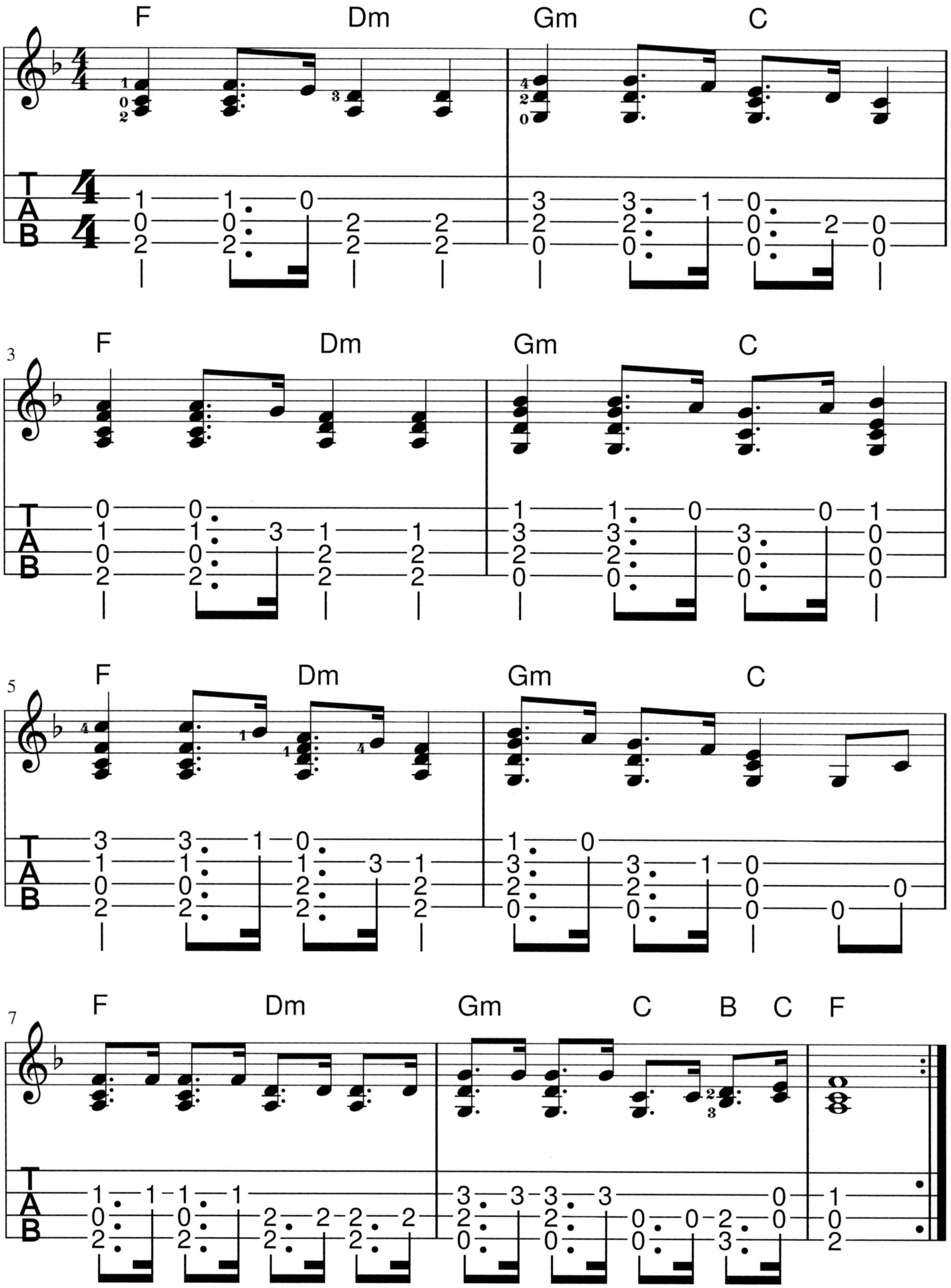

F Dm Gm C

3 F Dm Gm C

5 F Dm Gm C

7 F Dm Gm C B C F

30. Irish Washerwoman

Traditionelle Jig aus Irland, Bearbeitung: Patrick Steinbach

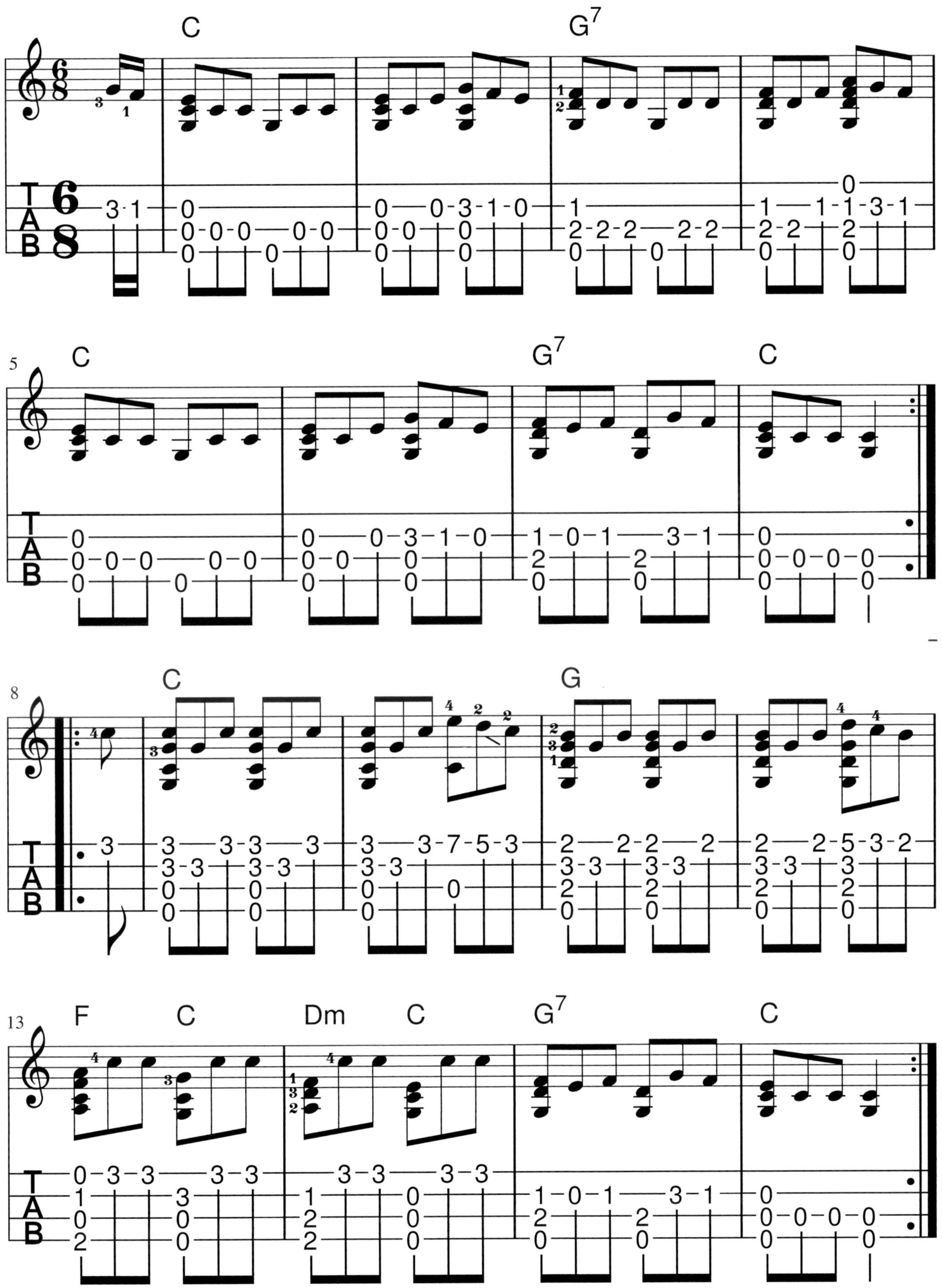

31. Jingle Bells (Strophe)

James Lord Pierpont (1822-1893), Bearbeitung: Patrick Steinbach

32. Jingle Bells (Refrain)

James Lord Pierpont (1822-1893), Bearbeitung: Patrick Steinbach

33. John Barleycorn

Traditional aus Schottland, Bearbeitung: Patrick Steinbach

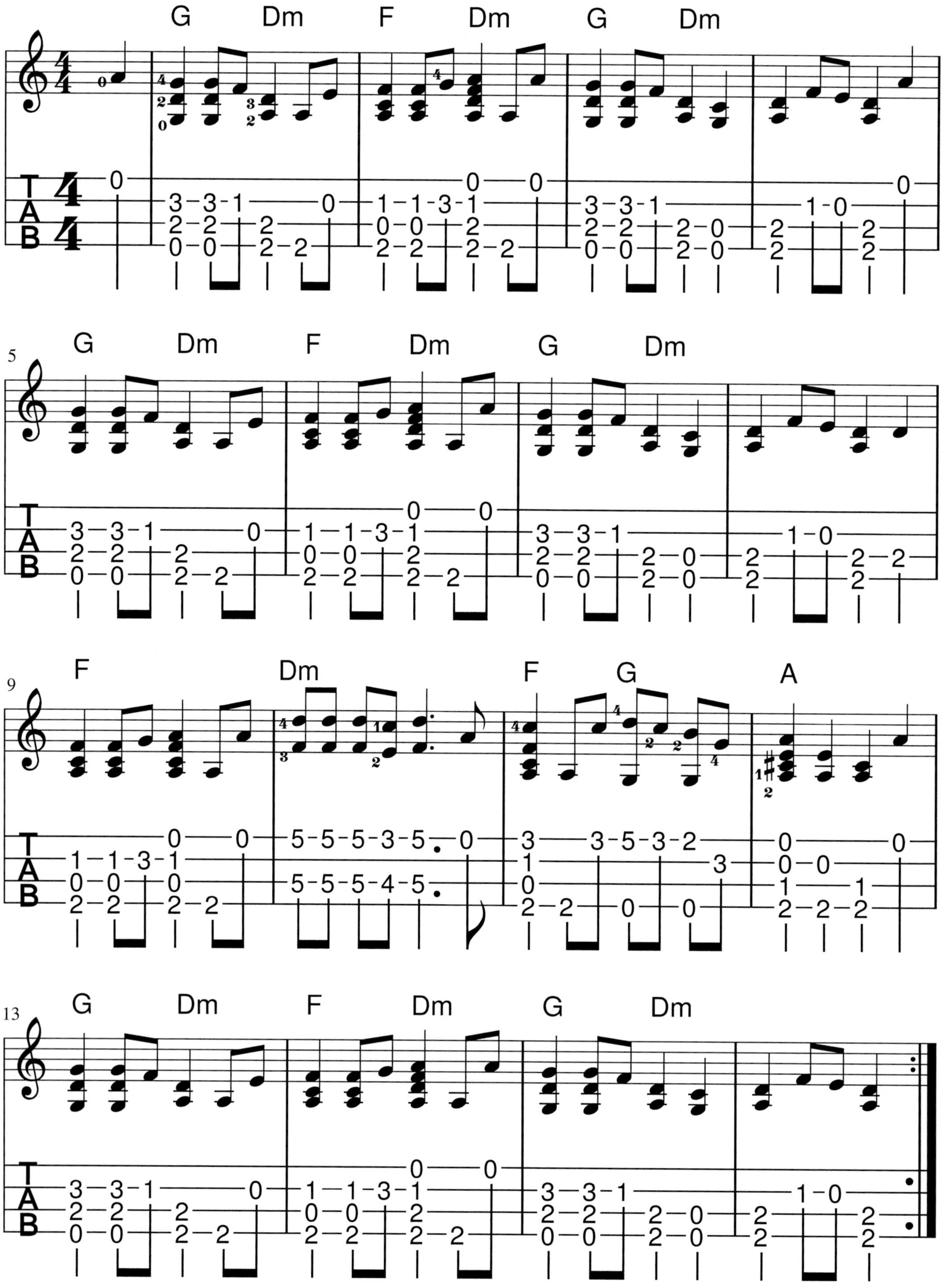

G Dm F Dm G Dm

5 G Dm F Dm G Dm

9 F Dm F G A

13 G Dm F Dm G Dm

34. Kling, Glöckchen, klingelingeling

Text: Karl Enslin, Melodie: Traditionell aus Deutschland, Bearbeitung: Patrick Steinbach

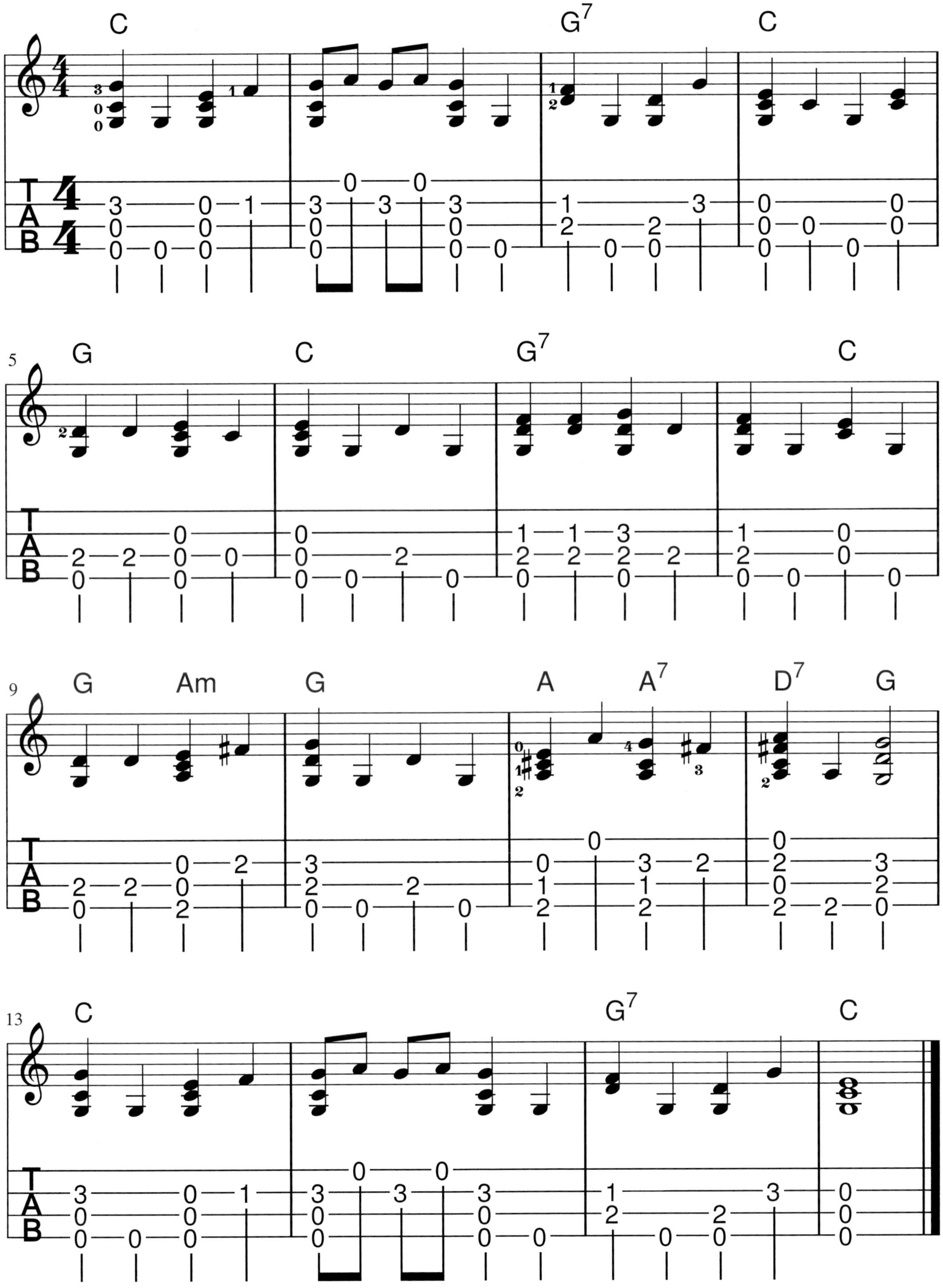

C G7 C

5 G C G7 C

9 G Am G A A7 D7 G

13 C G7 C

35. Lady Gethin

Turlough O'Carolan (1670–1738), Bearbeitung: Patrick Steinbach

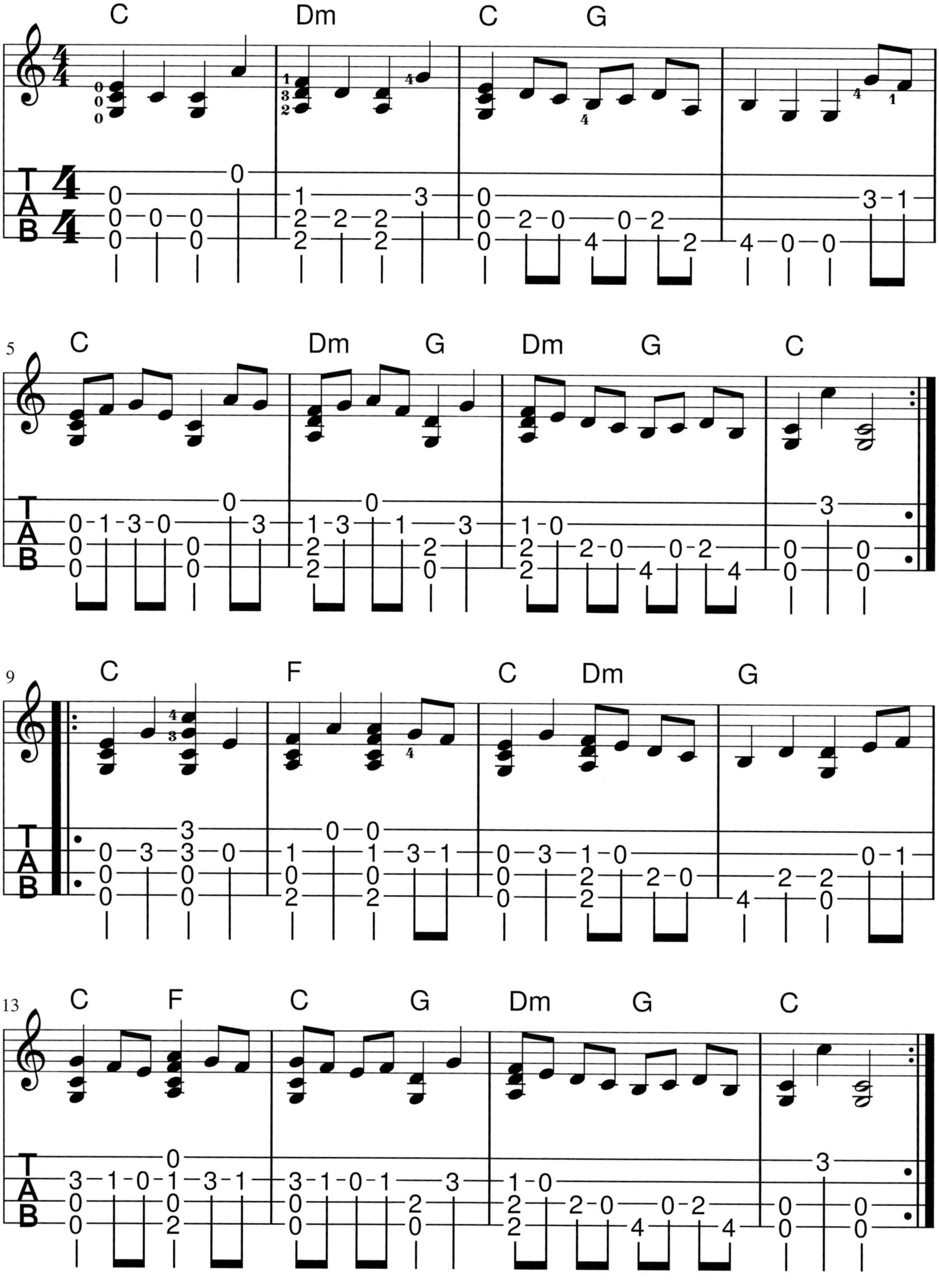

36. Lannigan's Ball

Traditional aus Irland, Bearbeitung: Patrick Steinbach

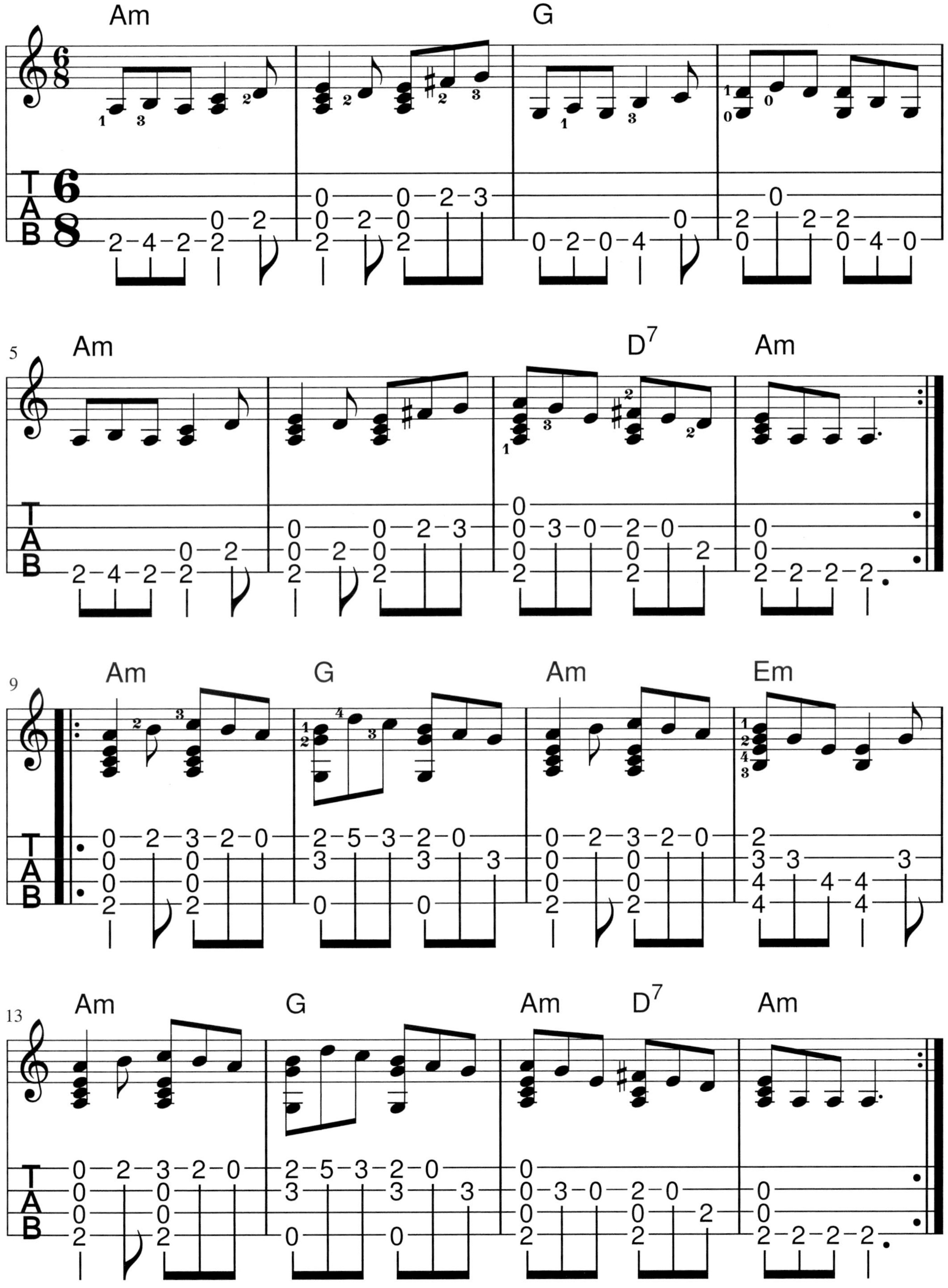

37. Leise rieselt der Schnee

Eduard Ebel (1839–1905), Bearb.: Patrick Steinbach

F C F

Bb C

C C7 F

G C F

38. Lied der Deutschen

Joseph Haydn (1732–1809), Bearbeitung: Patrick Steinbach

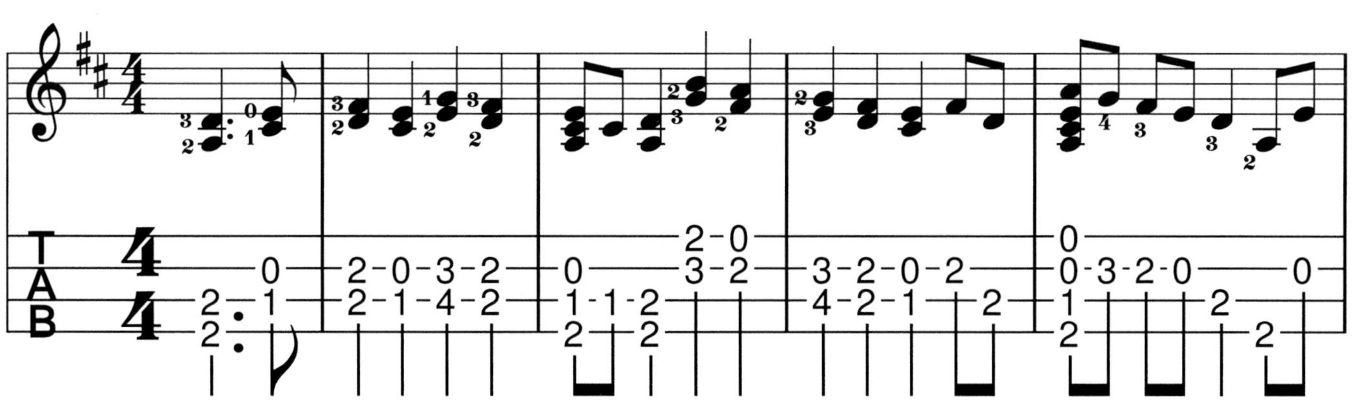

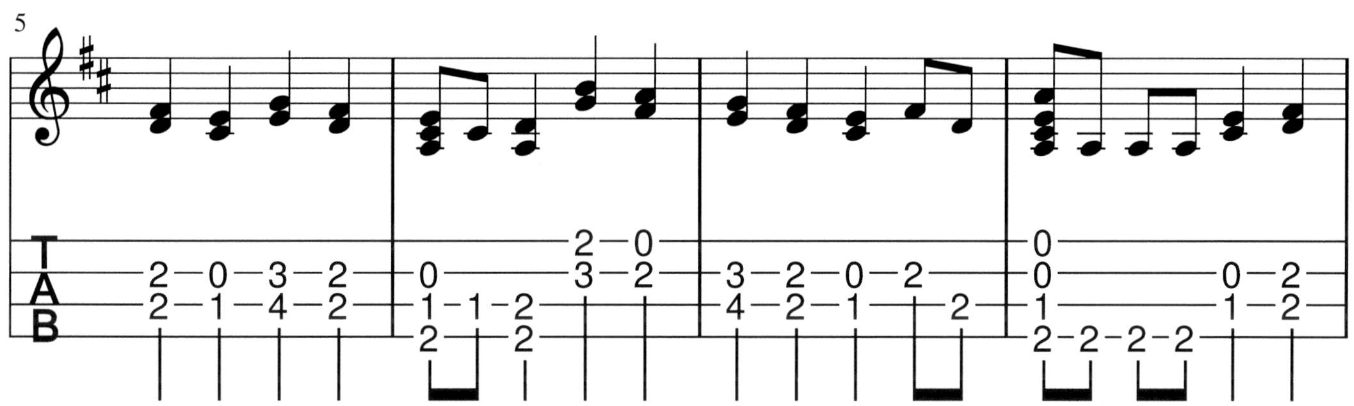

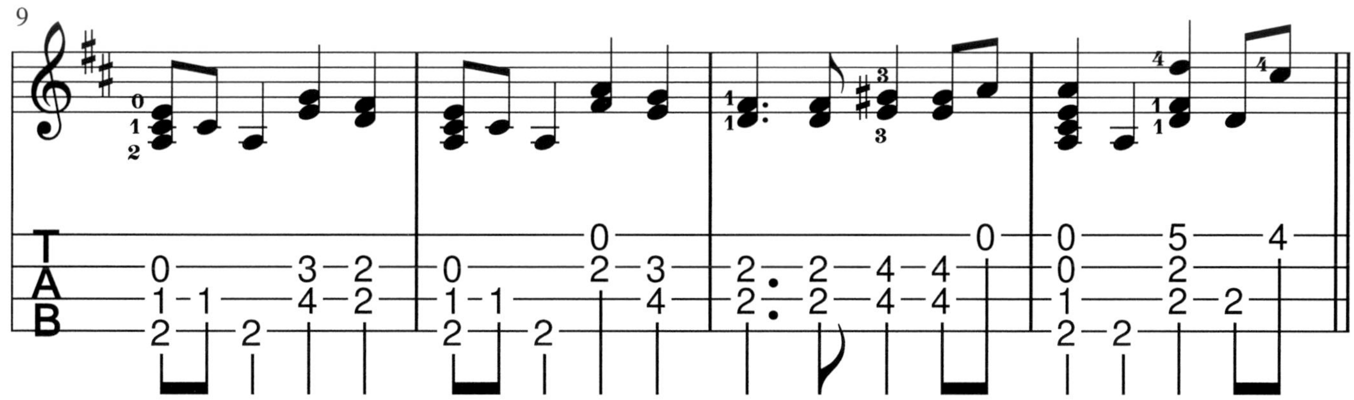

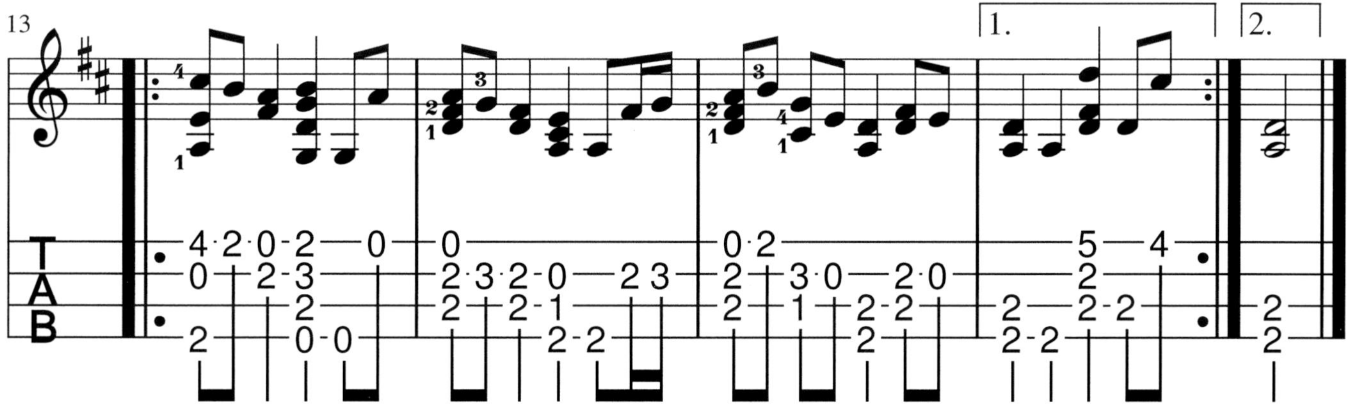

39. My Bonnie Is Over the Ocean

Traditional aus Schottland, Bearbeitung: Patrick Steinbach

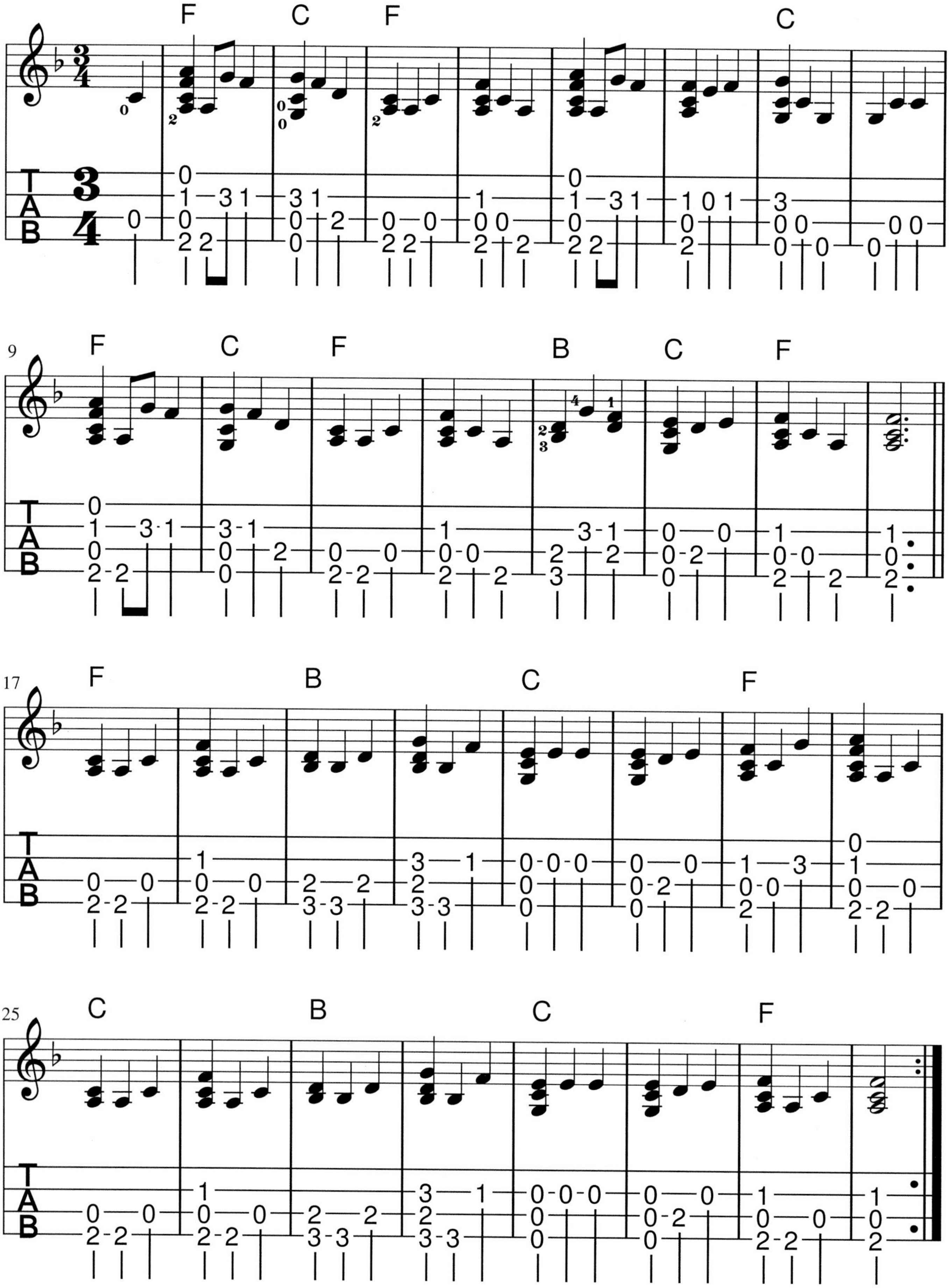

F C F C

9 F C F B C F

17 F B C F

25 C B C F

40. Old Cowboy's Blues

Patrick Steinbach

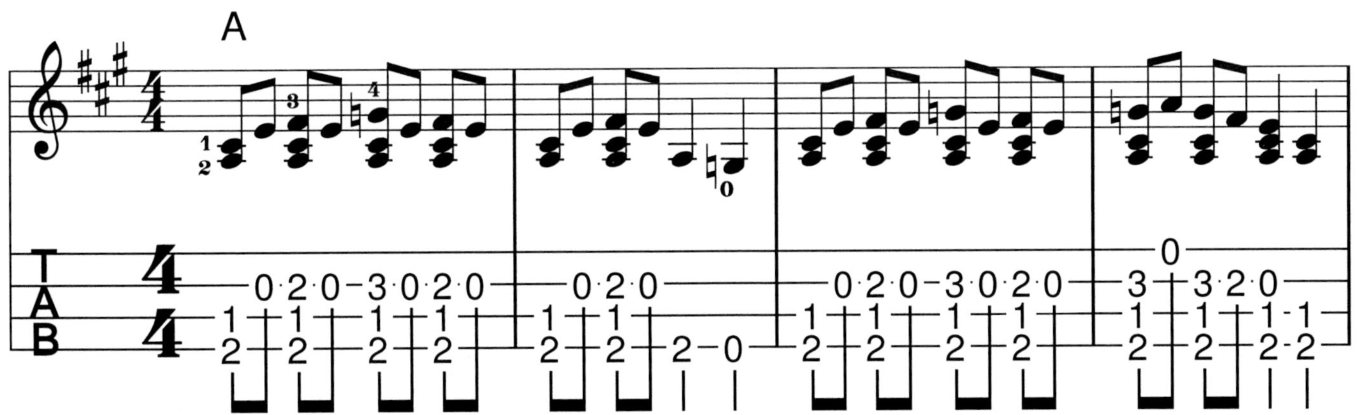

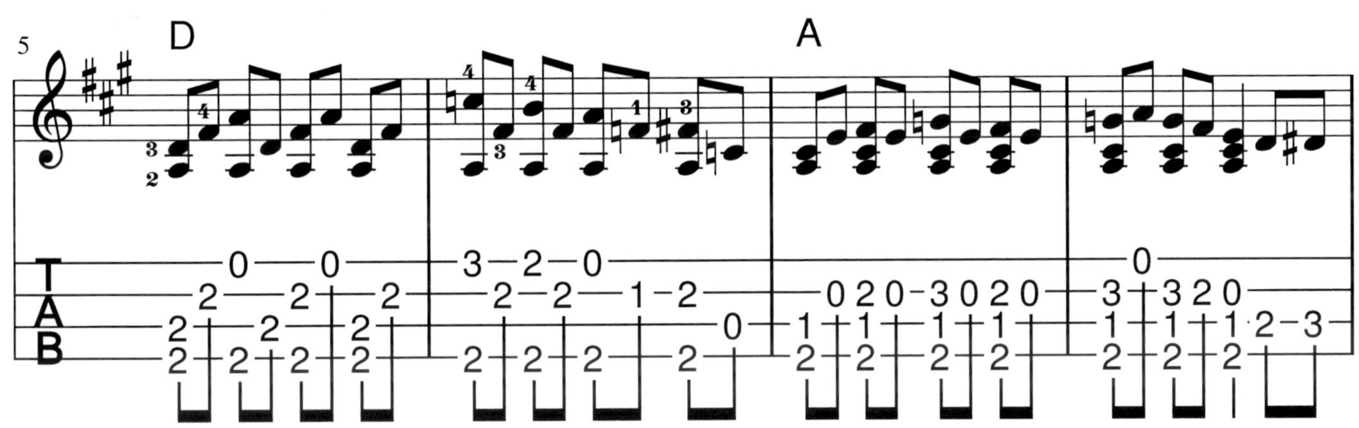

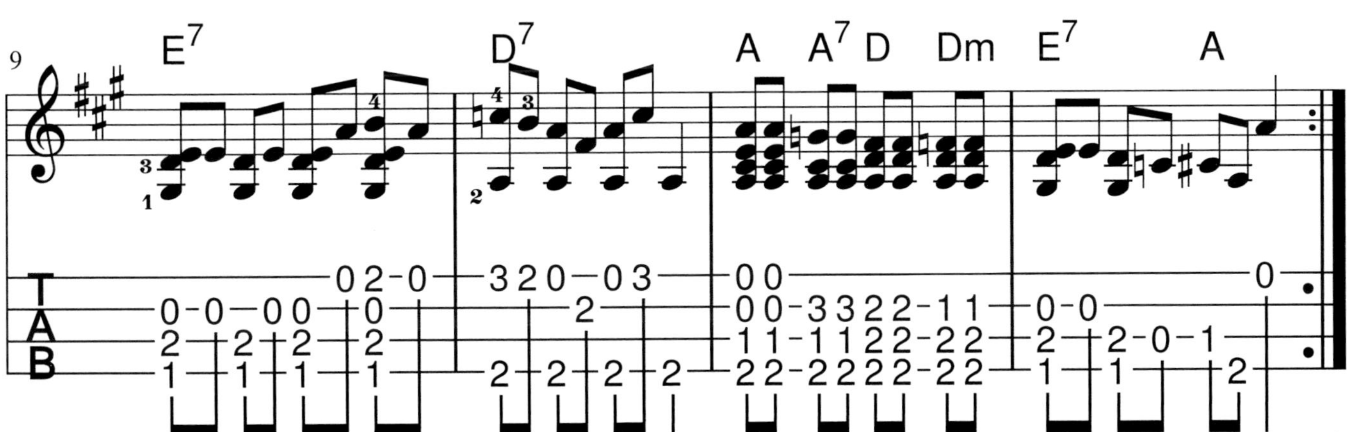

41. Parting Glass

Traditional aus Irland, Bearbeitung: Patrick Steinbach

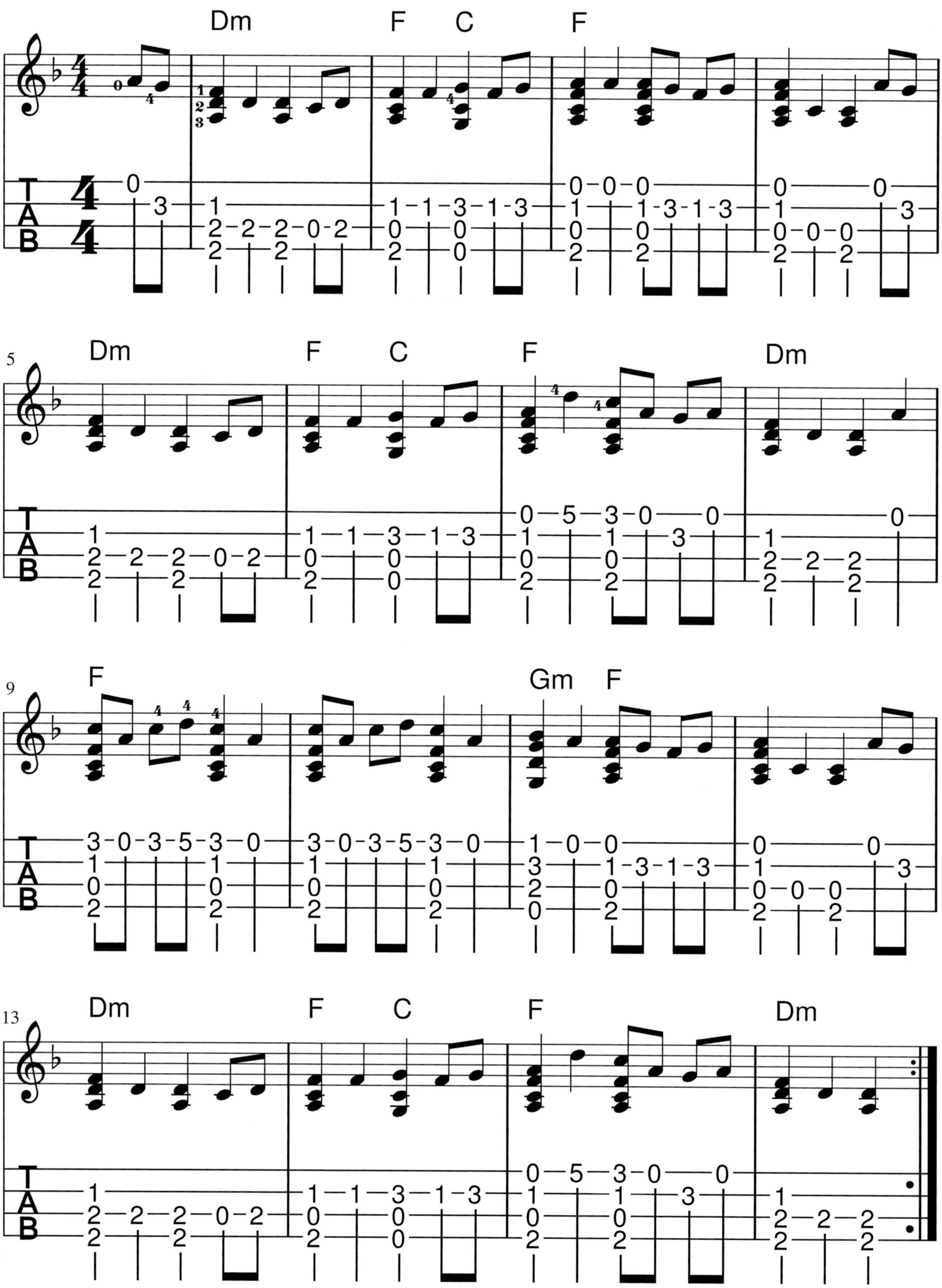

Dm F C F

5 Dm F C F Dm

9 F Gm F

13 Dm F C F Dm

42. Planxty Irwin

Turlough O'Carolan (1670–1738), Bearbeitung: Patrick Steinbach

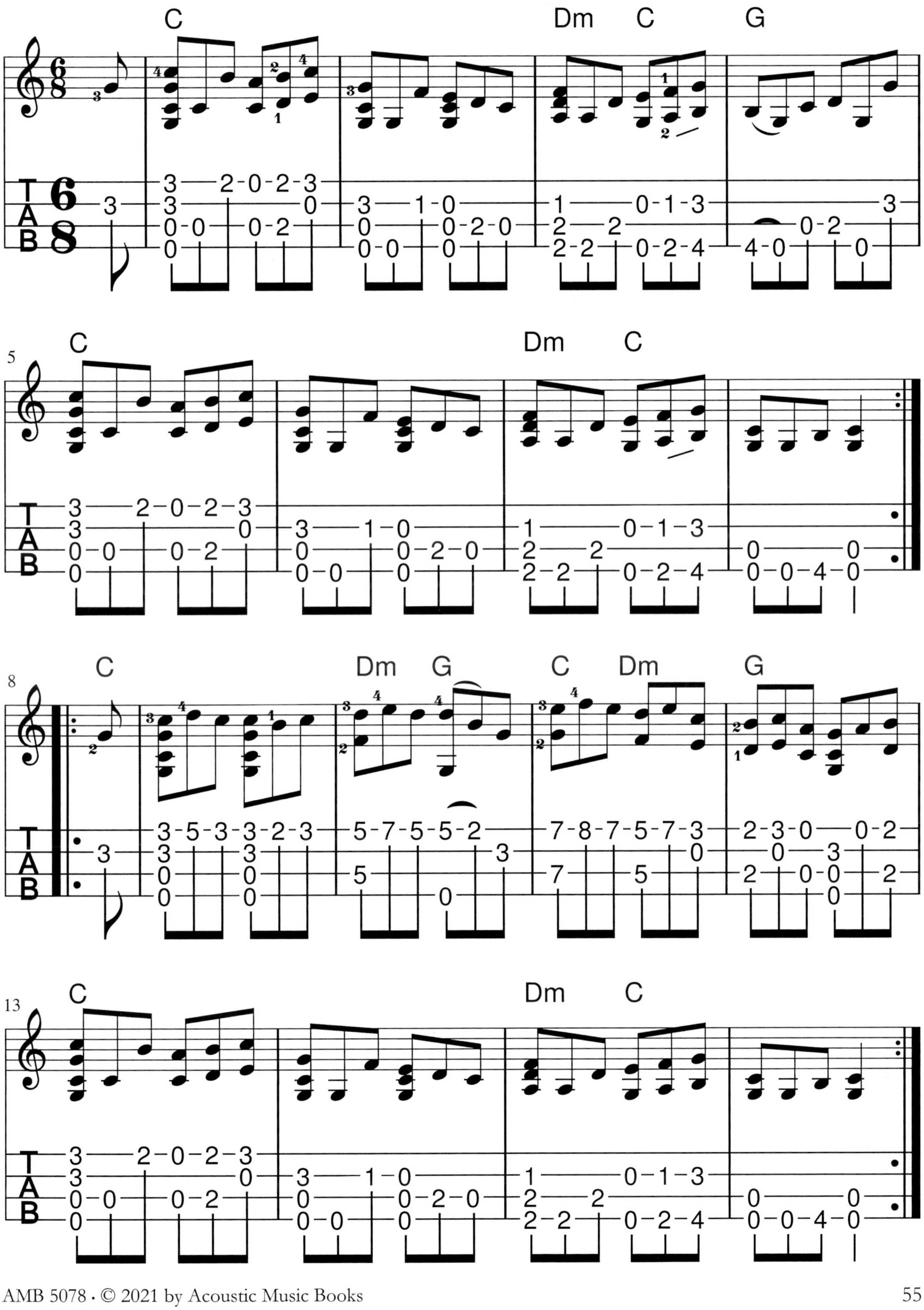

43. Ragtime

Patrick Steinbach

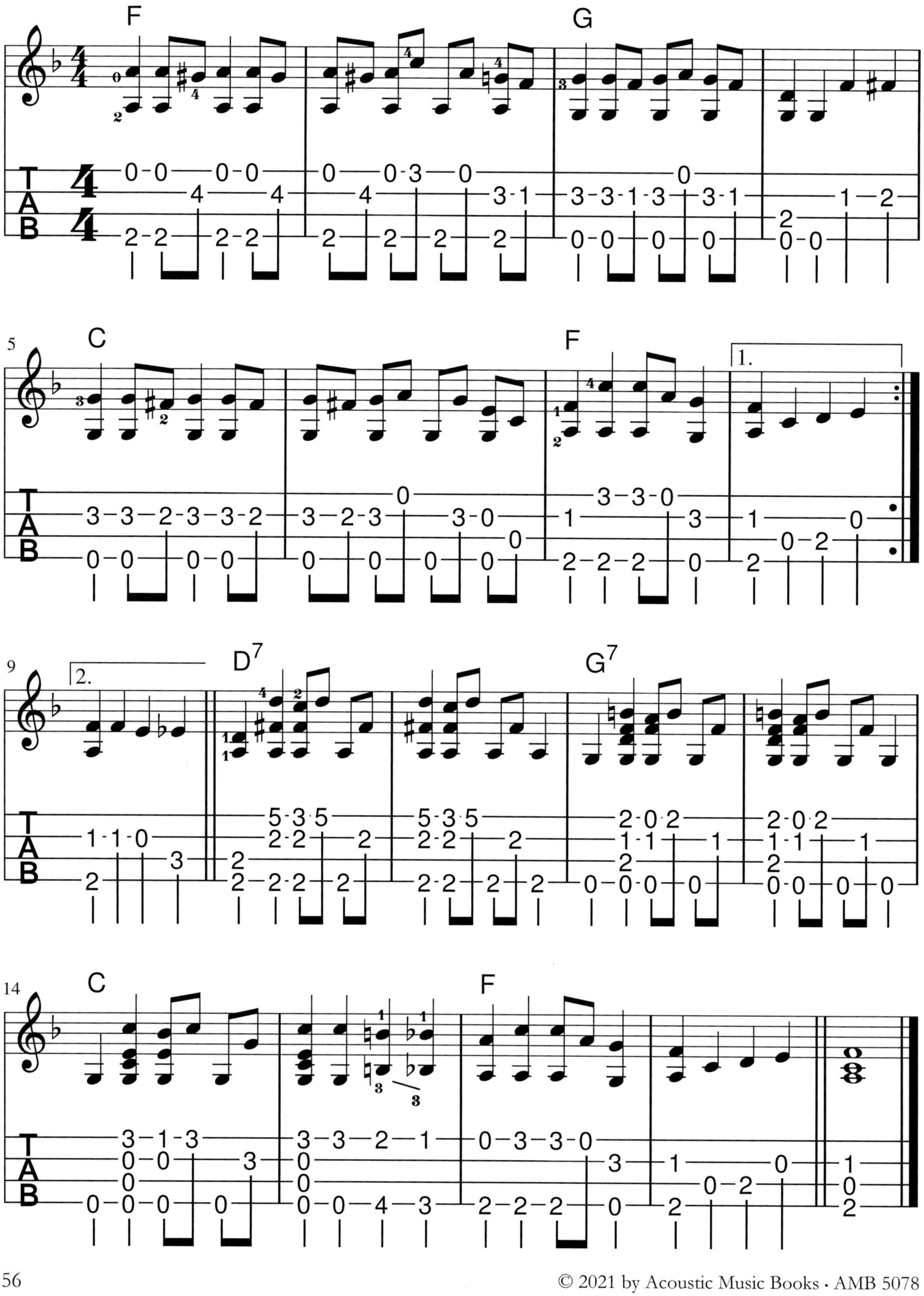

44. (Down by the) Sally Gardens

Traditional aus Irland, Text: Willam Butler Yeats (1865–1939), Bearbeitung: Patrick Steinbach

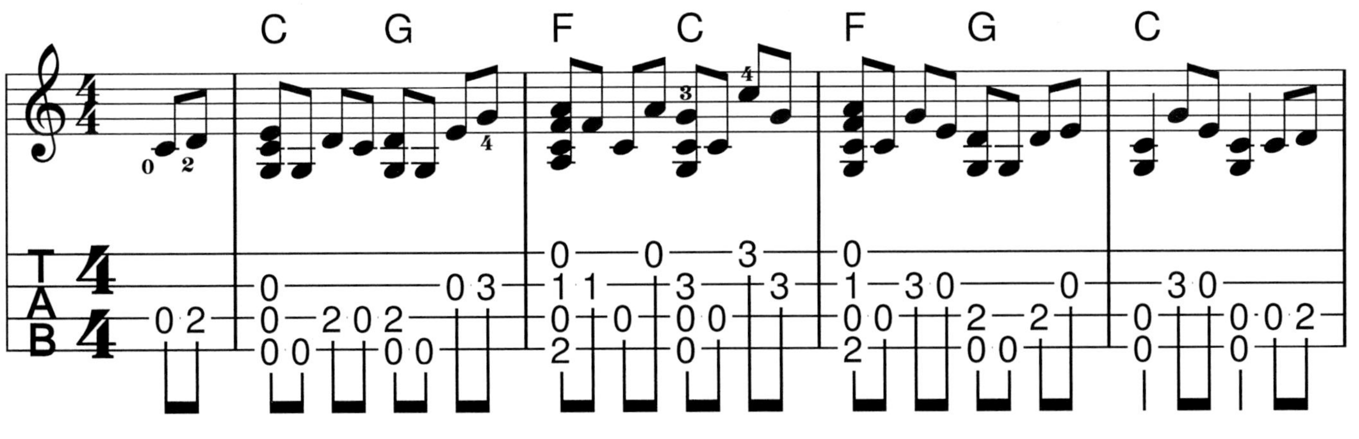

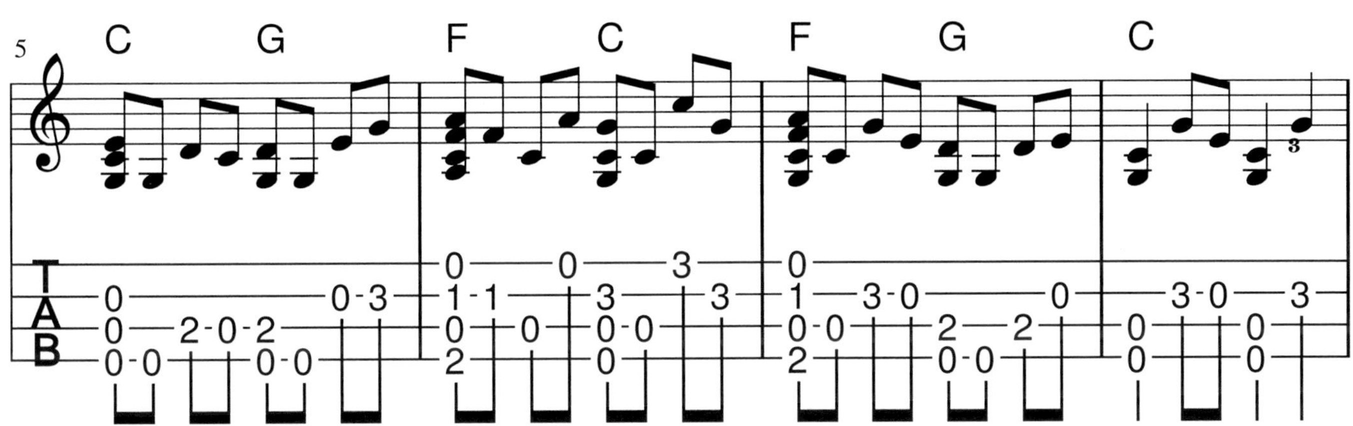

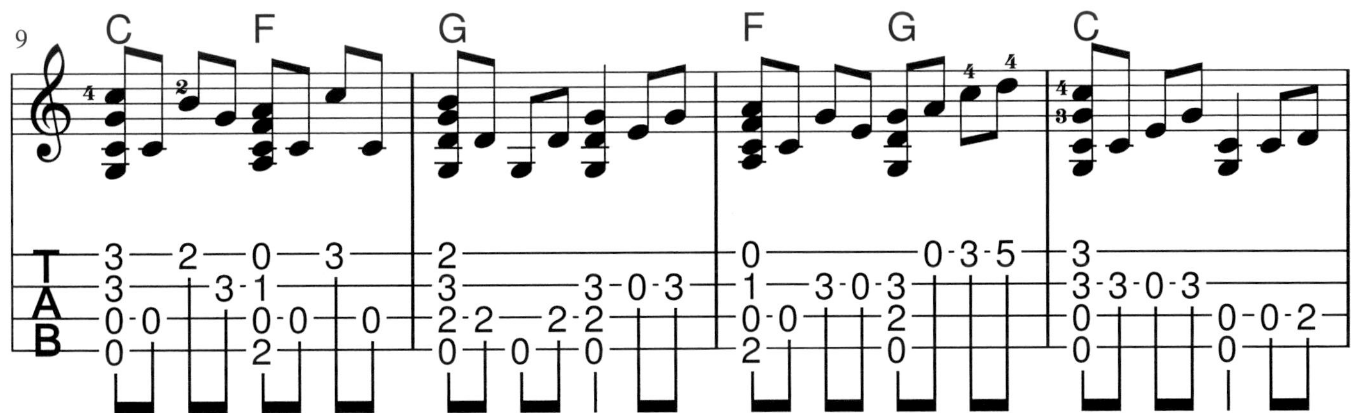

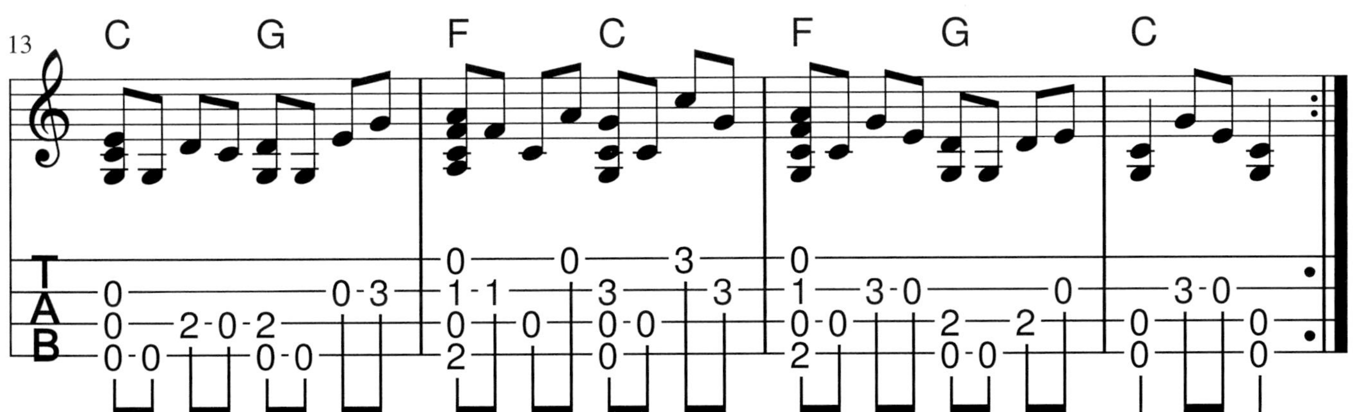

45. She'll Be Coming Round the Mountain

Traditional aus Amerika, Bearbeitung: Patrick Steinbach

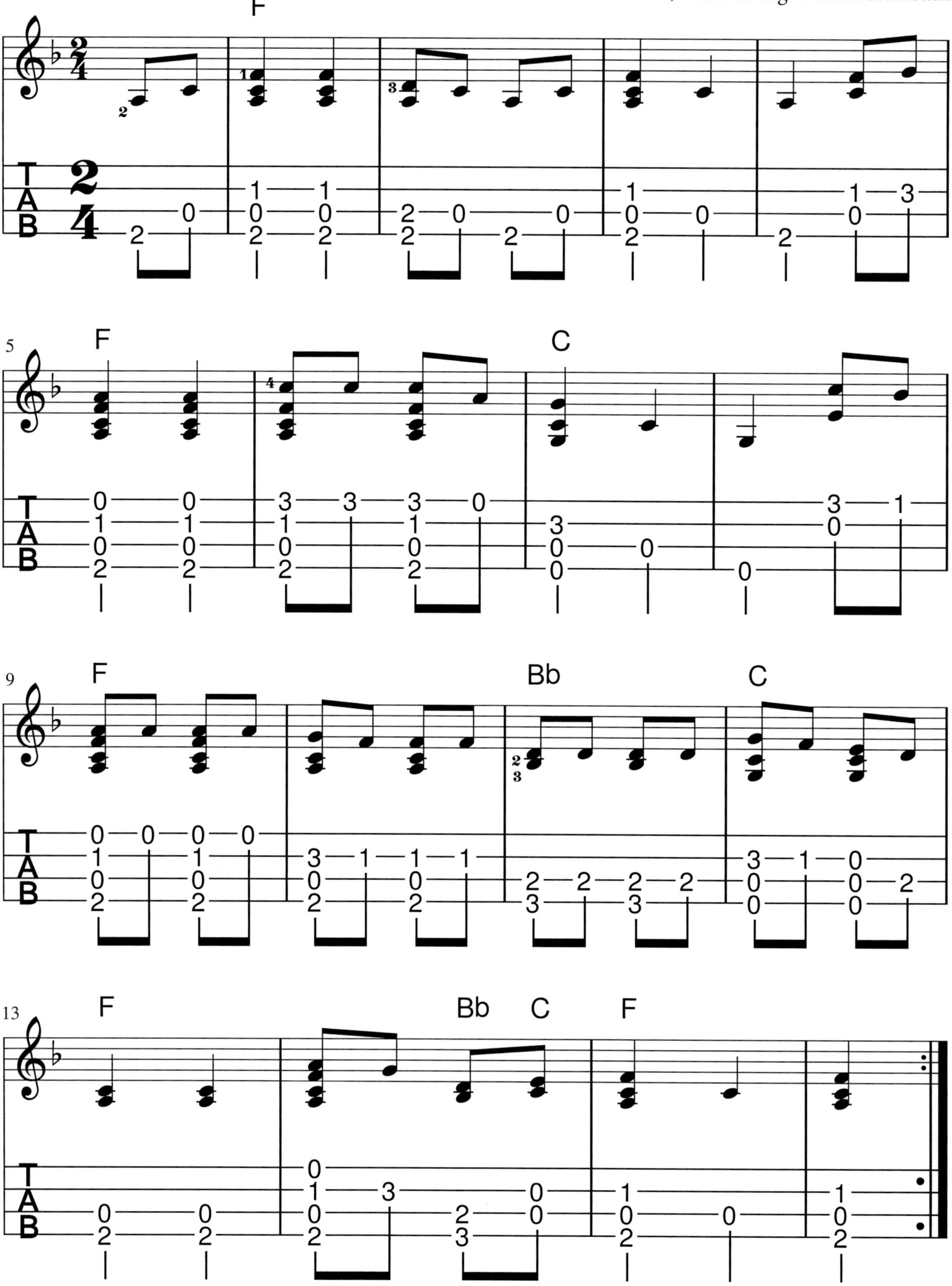

F

5 F C

9 F Bb C

13 F Bb C F

46. The Star Spangled Banner

Amerikanische Nationalhymne, Melodie: John Stafford Smith (1750–1836),
Bearbeitung: Patrick Steinbach

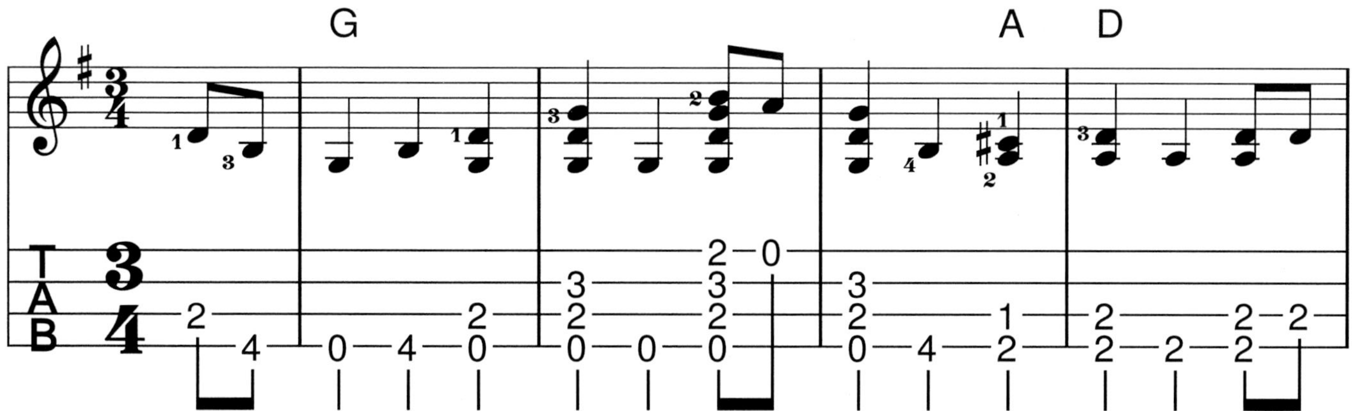

5
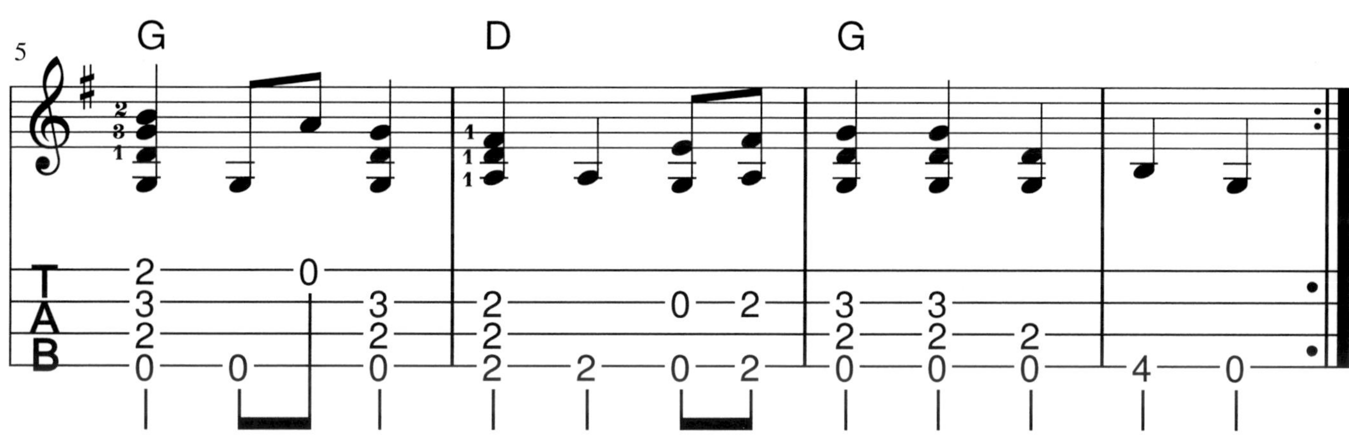

8
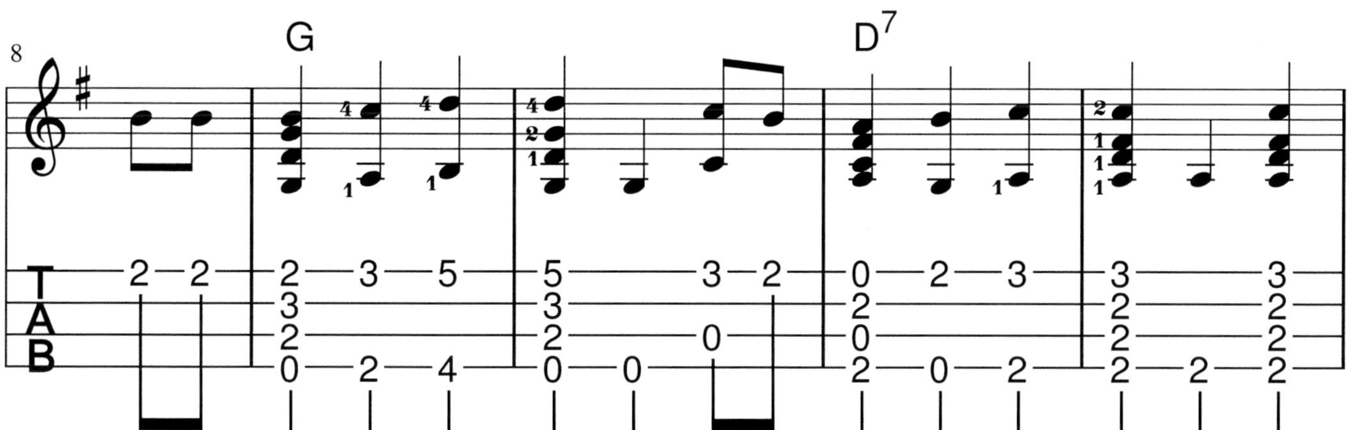

47. Stille Nacht

Text: Joseph Mohr (1792–1848), Melodie: Franz Xaver Gruber (1787–1863)

Bearbeitung: Patrick Steinbach

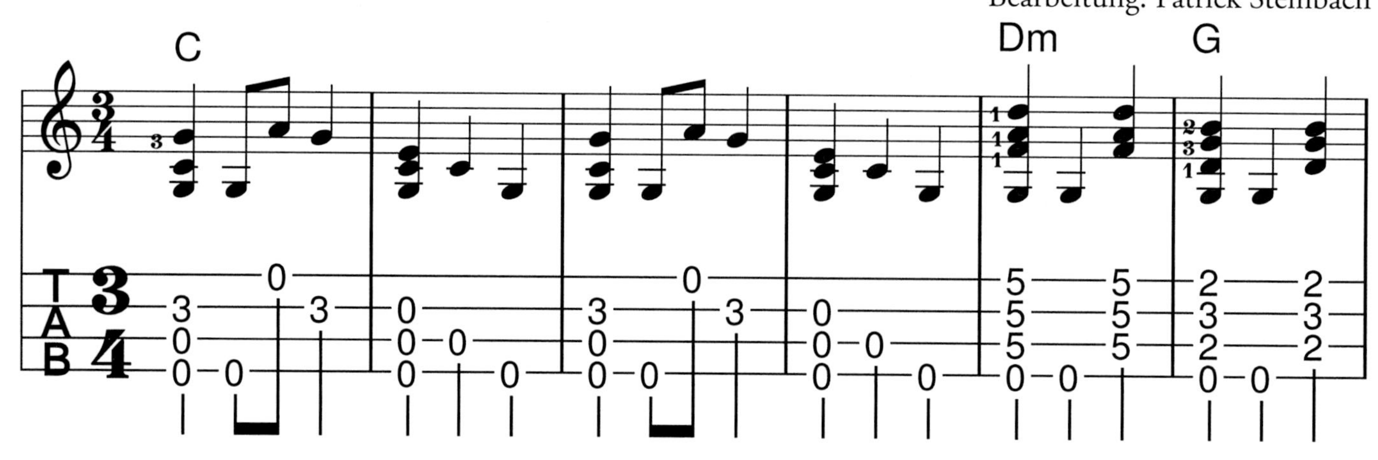

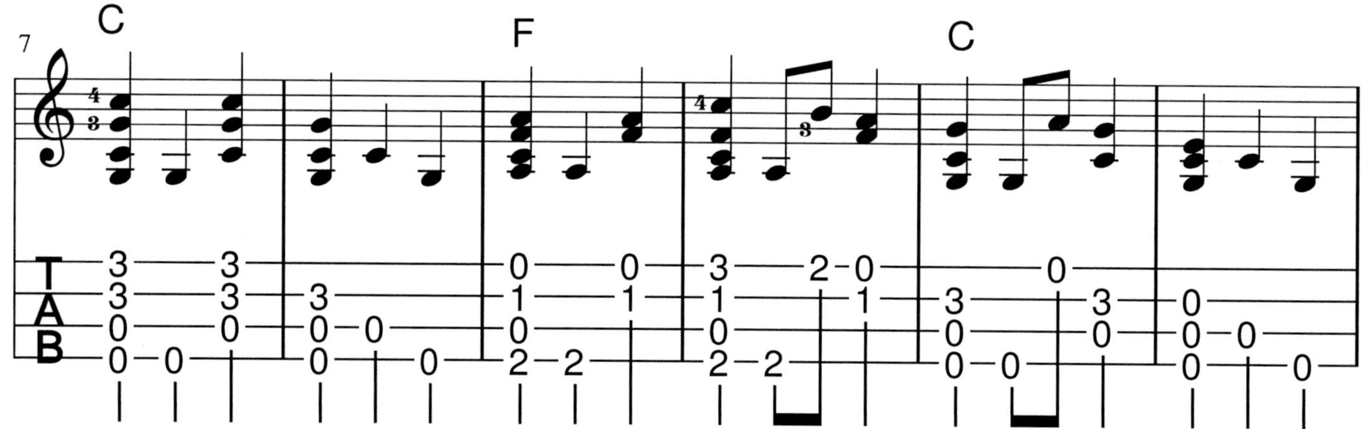

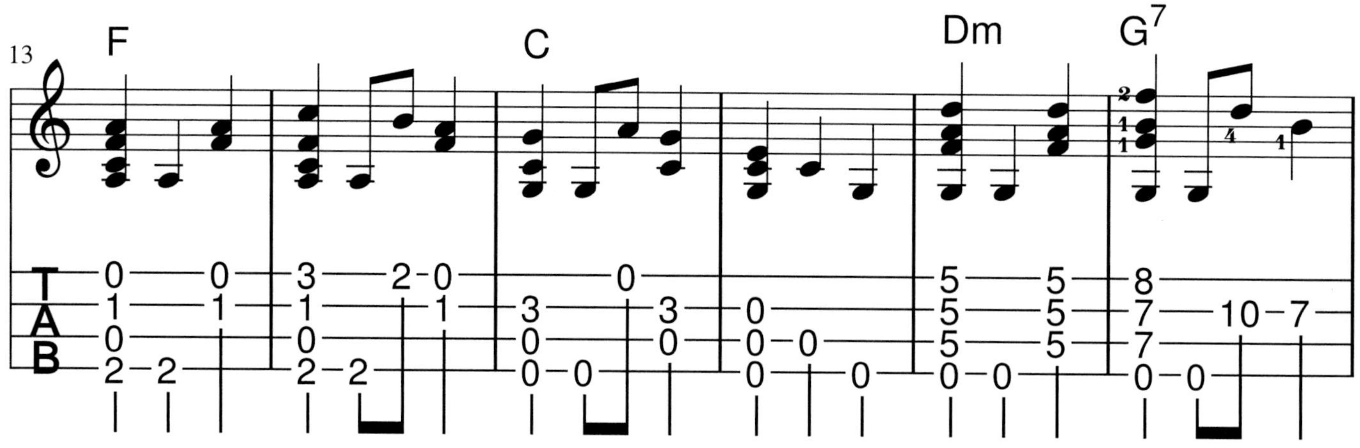

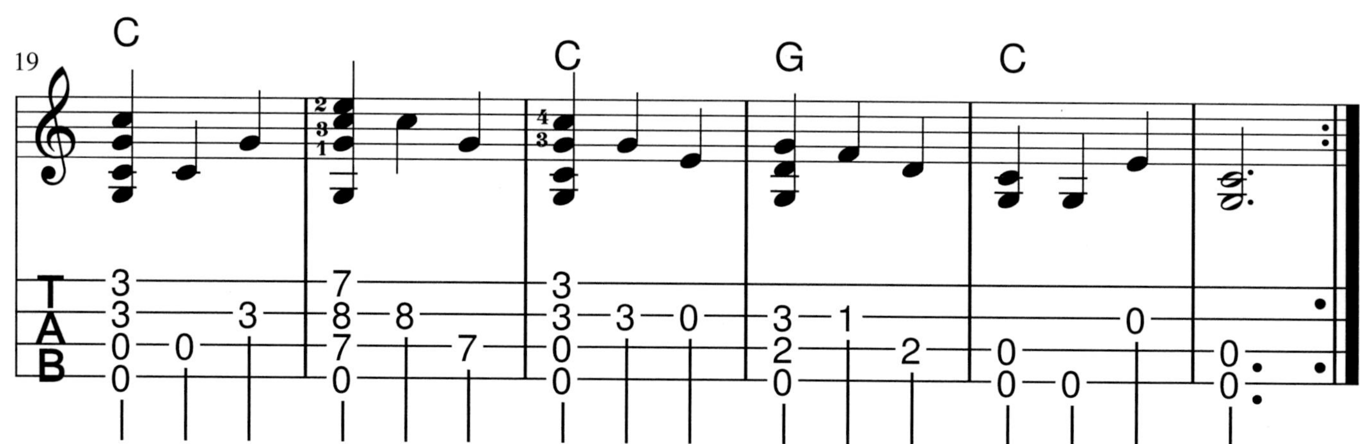

48. Te Deum (Eurovisionsmelodie)

Marc-Antoine Charpentier (1643–1704), Bearbeitung: Patrick Steinbach

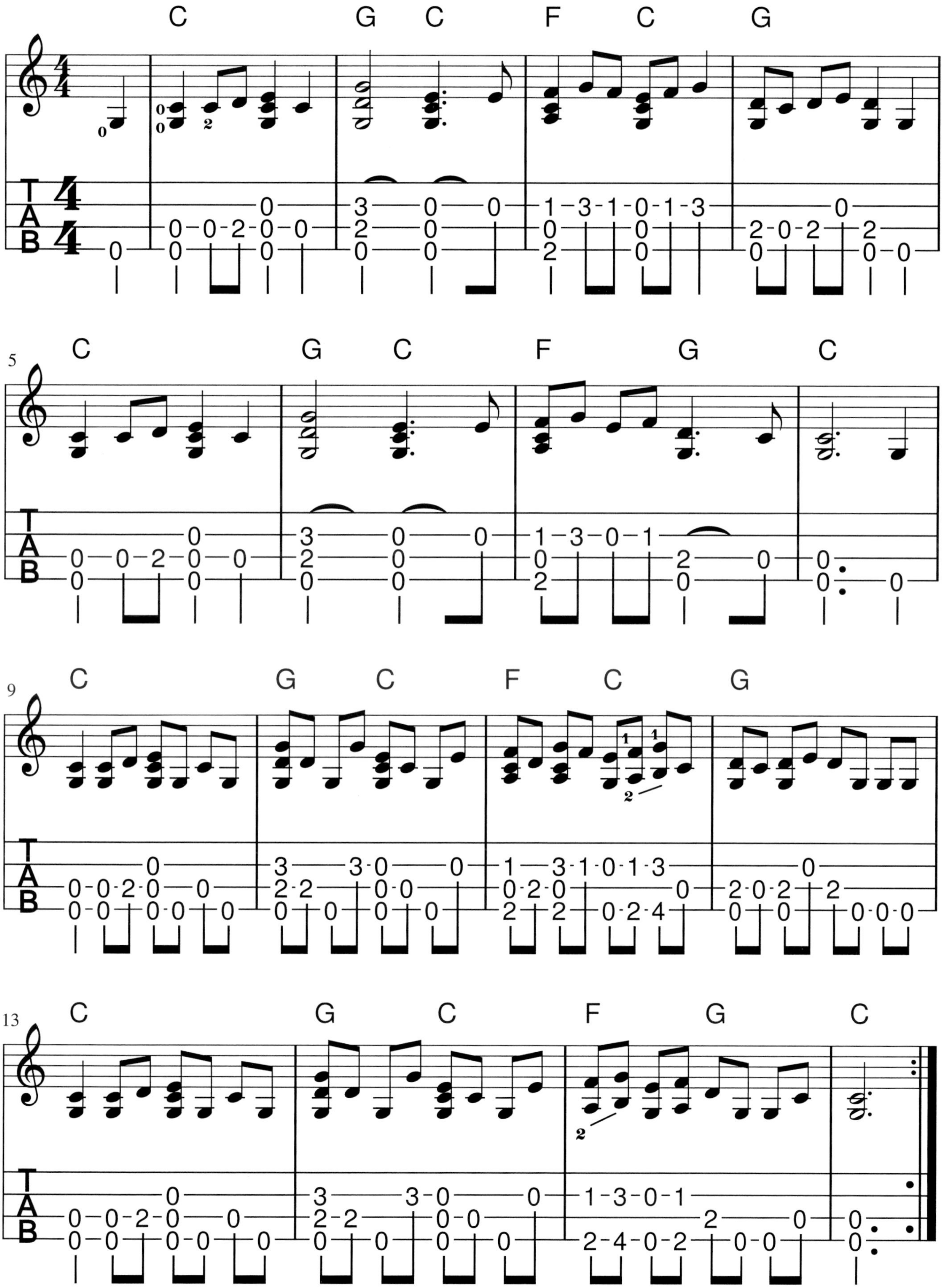

49. Valley of Knockanure

Melodie: Traditional aus Irland, Bearbeitung: Patrick Steinbach

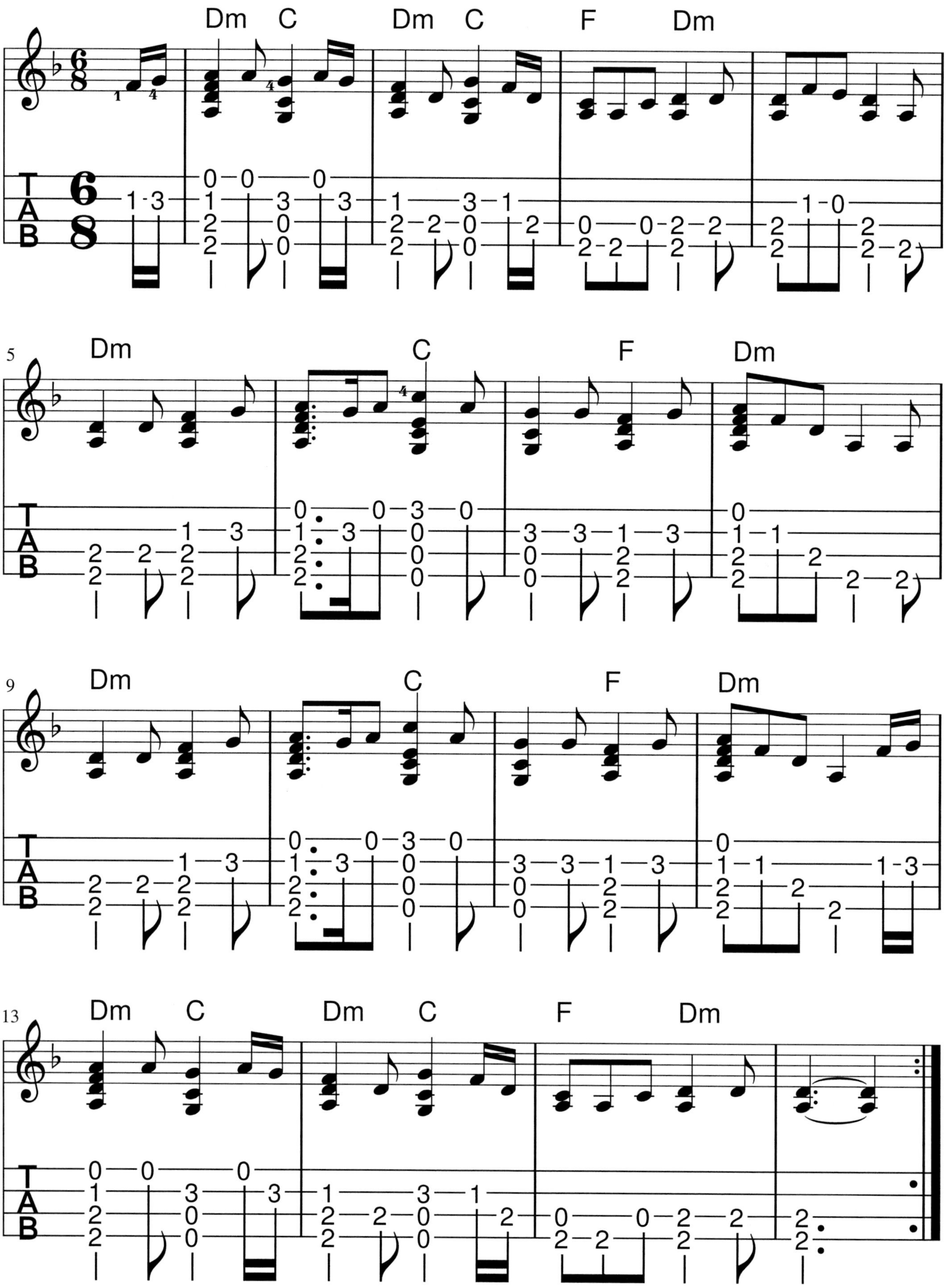

Dm C Dm C F Dm

5 Dm C F Dm

9 Dm C F Dm

13 Dm C Dm C F Dm

50. Wildwood Flower

Amerikanischer Country Song, Bearbeitung: Patrick Steinbach

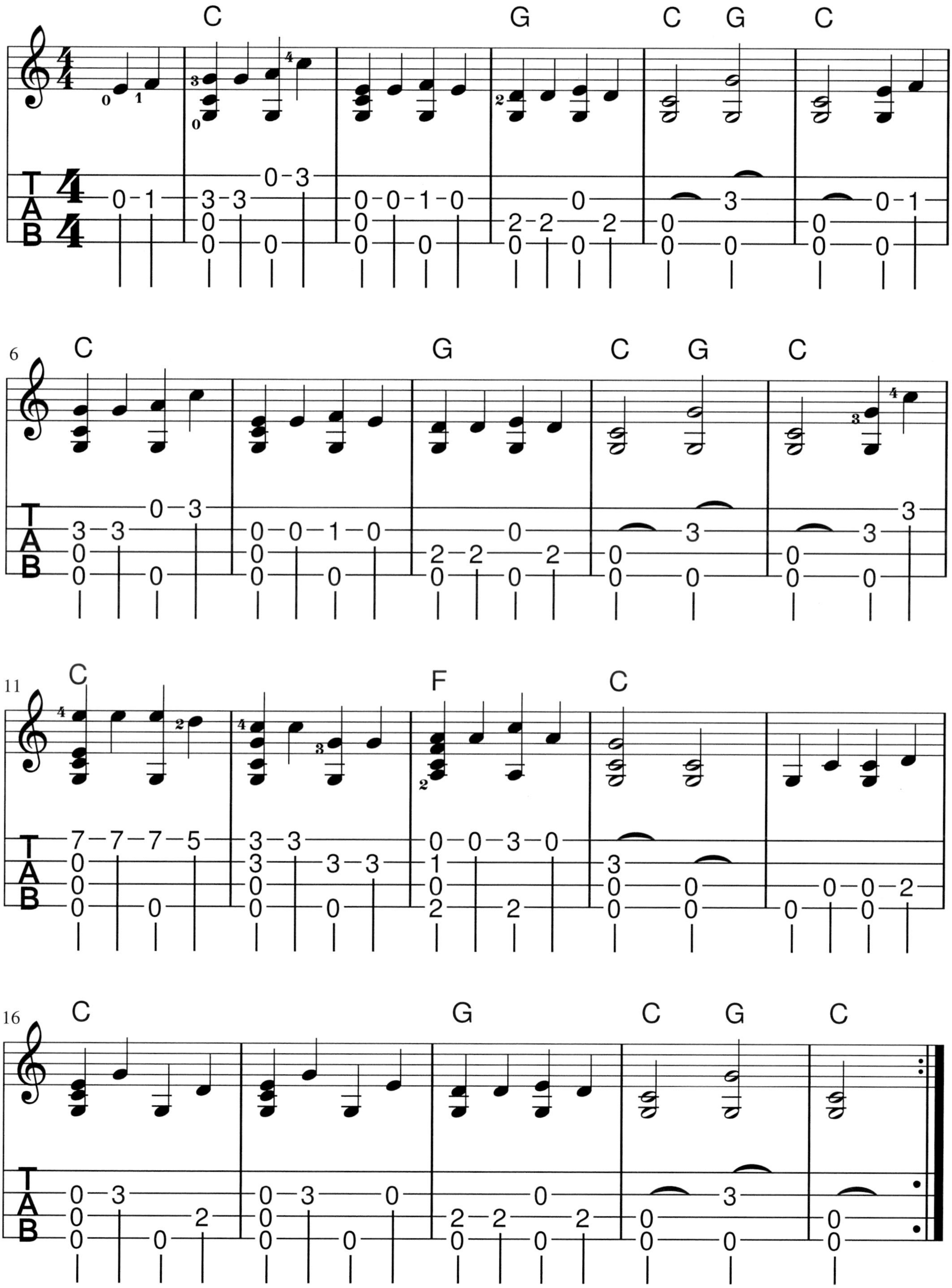

51. Wildwood Flower Groove

Amerikanischer Country Song, Bearbeitung: Patrick Steinbach

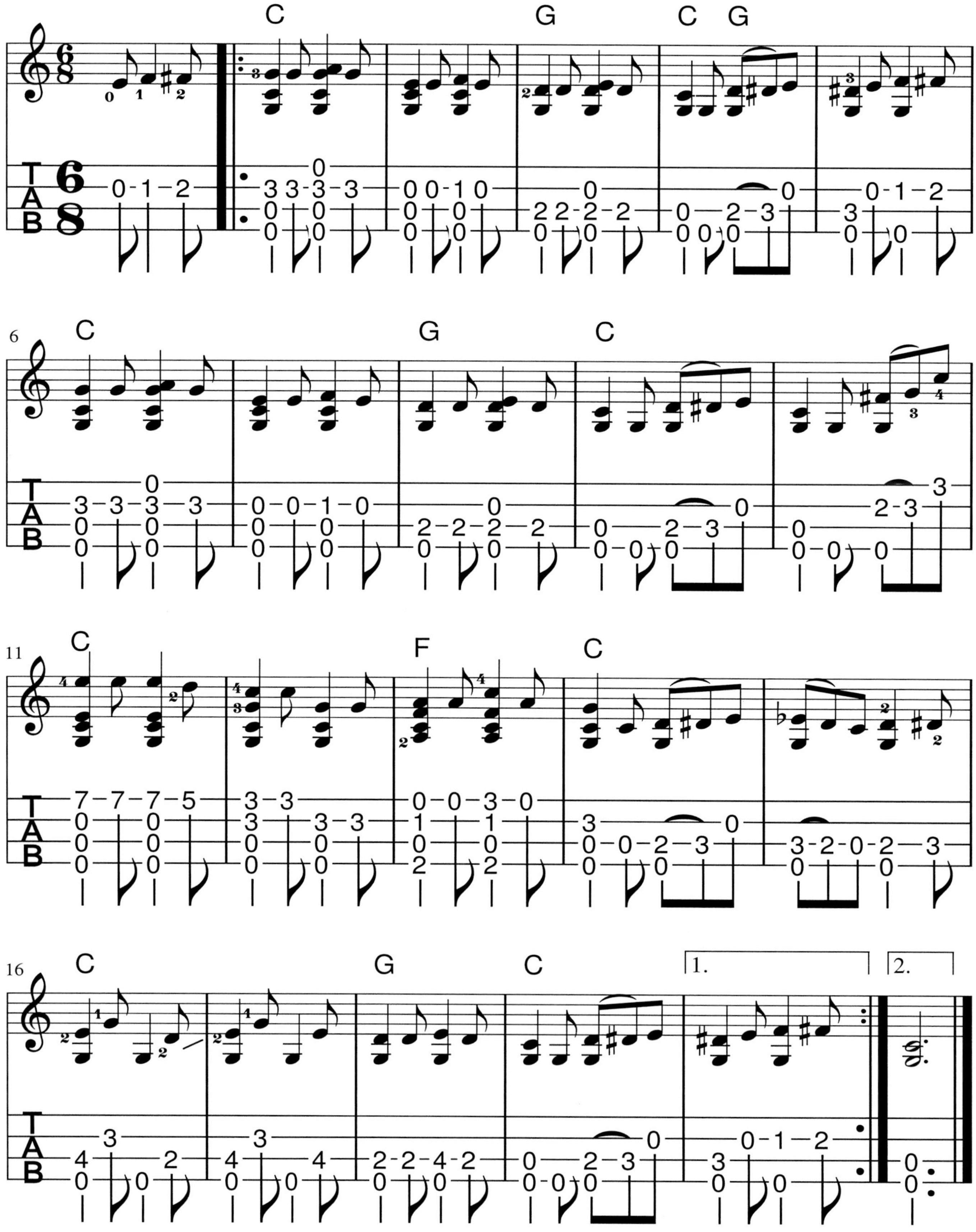

52. Will Ye Go, Lassie, Go
(Wild Mountain Thyme)

Traditional aus Irland/Schottland, Bearbeitung: Patrick Steinbach

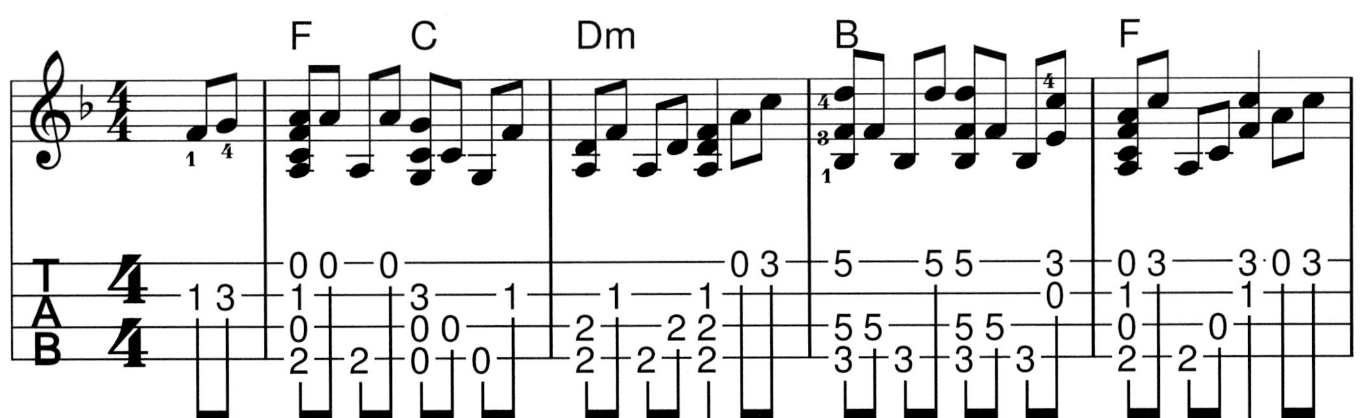

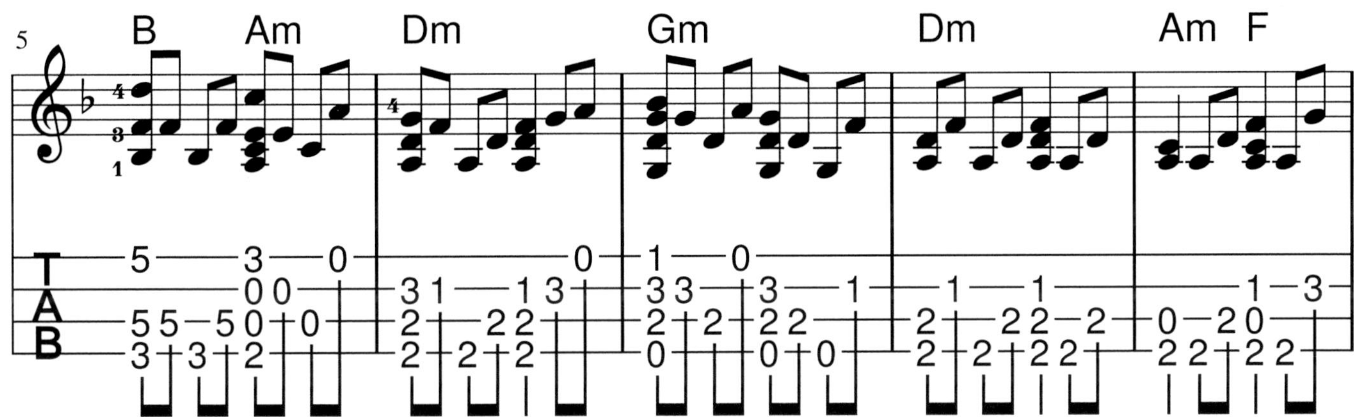

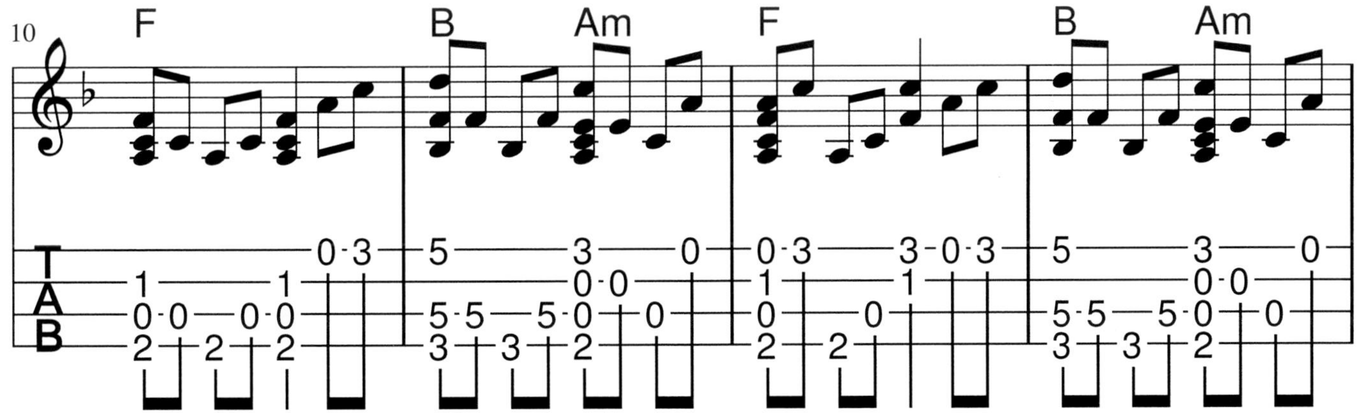

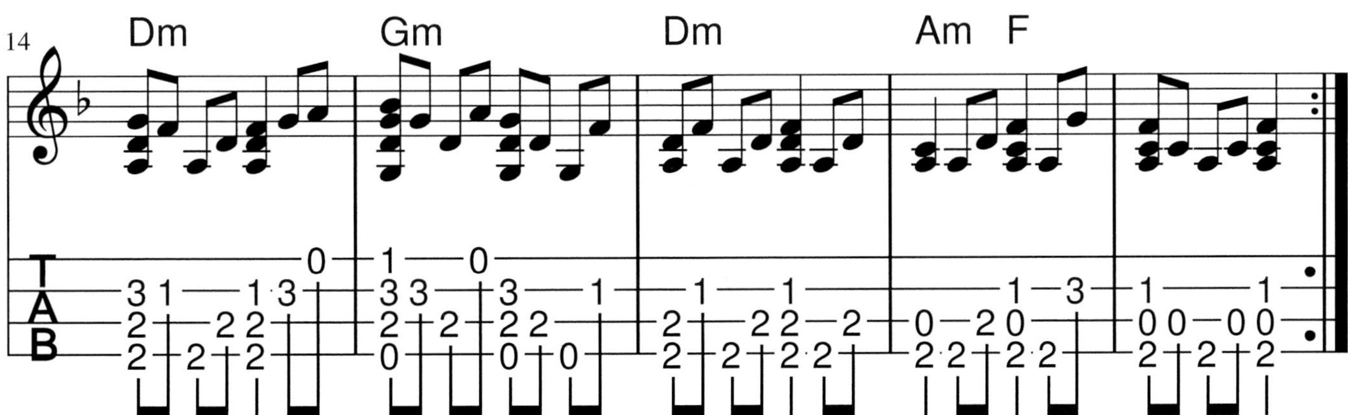

Akkord-Grifftabelle

deutsche/internationle
Bezeichnung

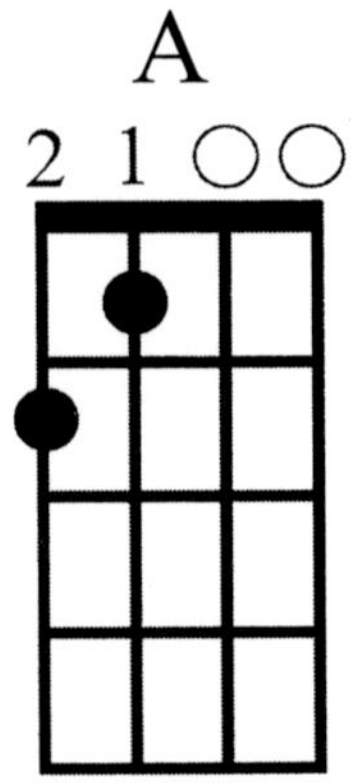

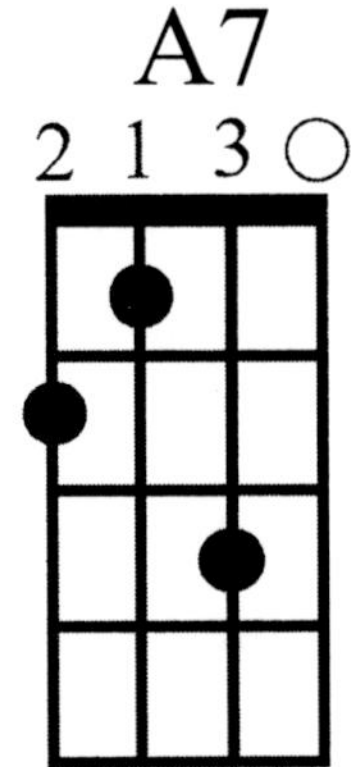

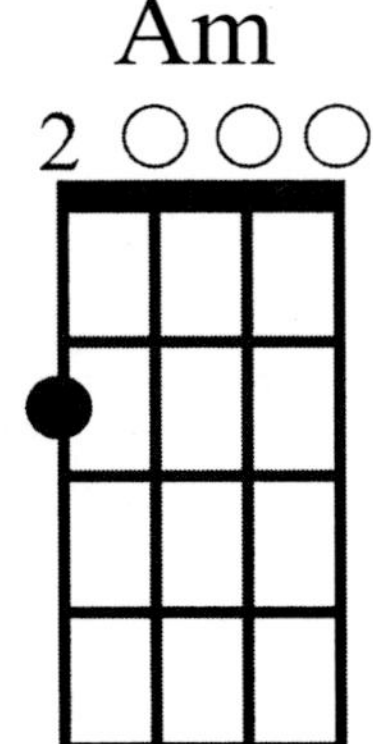

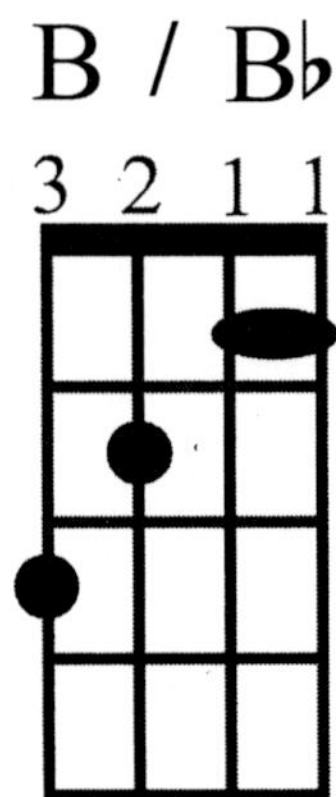

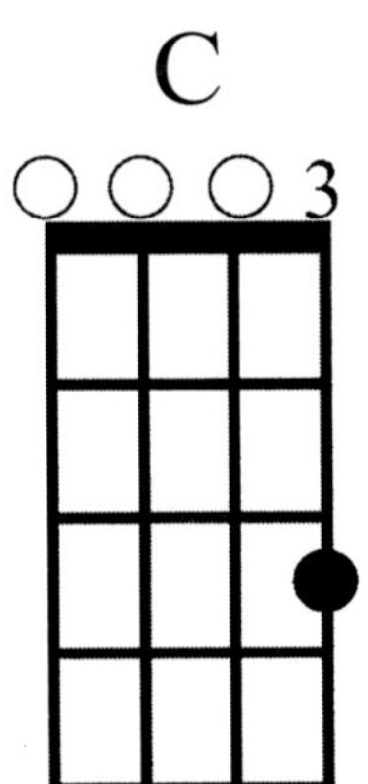

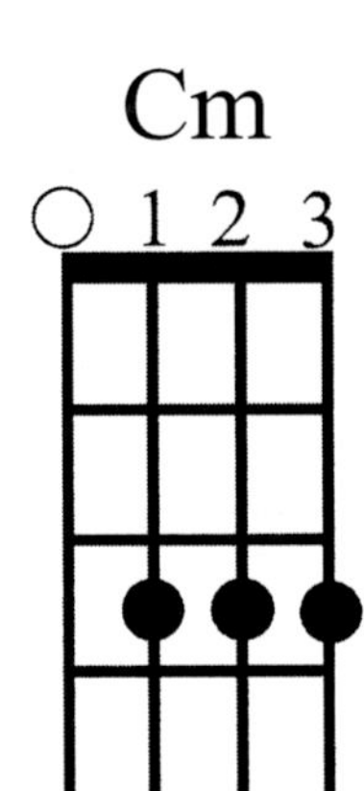

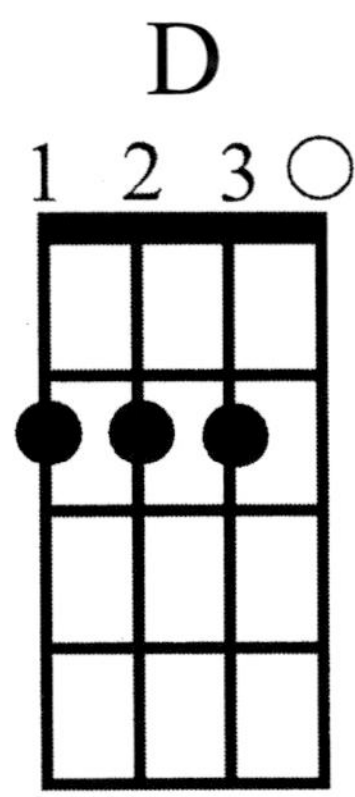

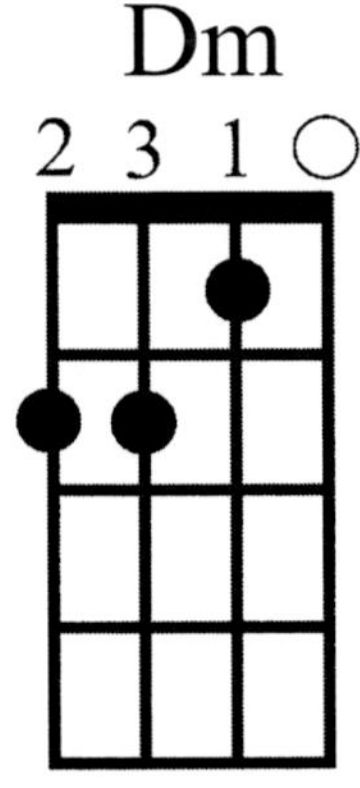

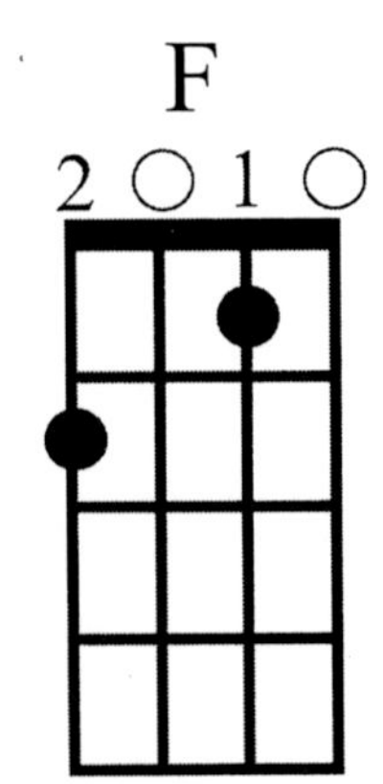

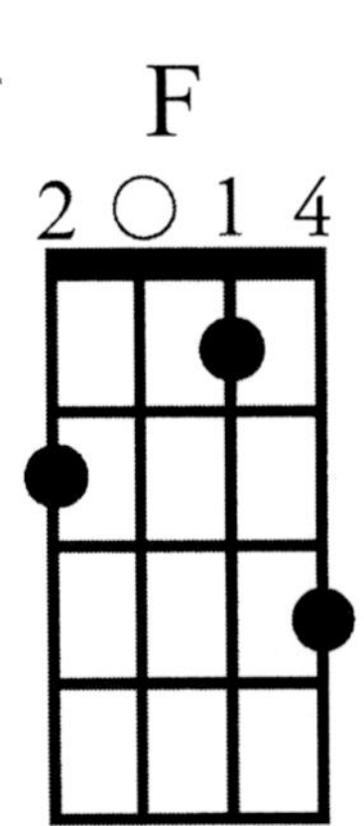

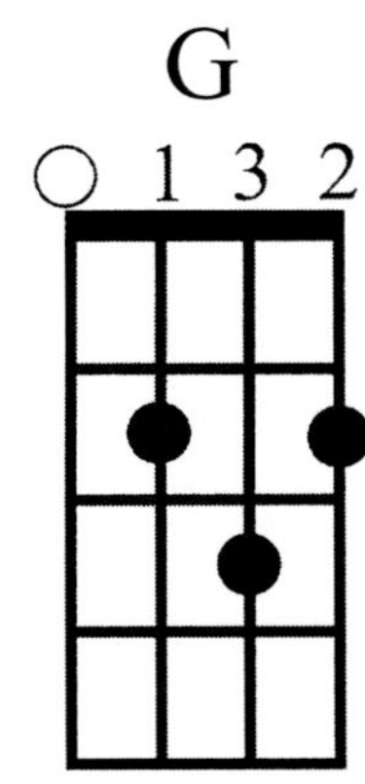

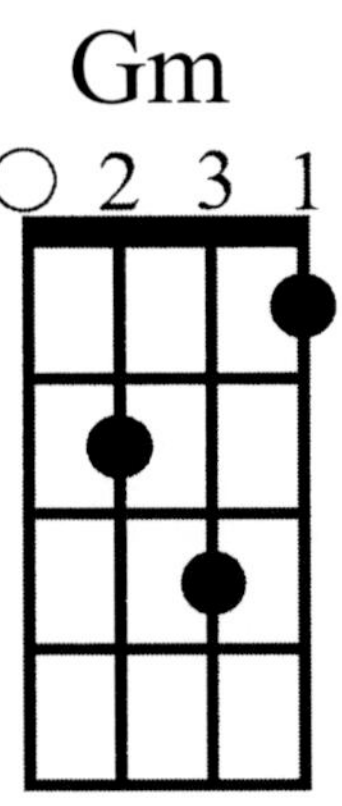

Komm, wir spielen Ukulele!

Karl Knopf

Komm, wir spielen Ukulele!

Ukulelenschule für Kinder

In Internationaler Stimmung (g'-c'-e'-a')

Band 1, 2 und Das Weihnachtsliederbuch

Alle Bände mit und ohne CD erhältlich

Mit diesem Lehrwerk macht das Ukulelespielen richtig Spaß! Kinder ab 6 Jahren erlernen spielerisch und unterstützt vom Gesang das Melodiespiel auf dem Instrument, aber auch die Liedbegleitung mit einfachen Akkorden. Mit Tabulaturen, auf Wunsch auch mit ersten Noten erlernen die Schüler Lieder, Spielstücke, Akkordbegleitung und Zupfmuster.

- Kindgerechter Aufbau - fast nur Lieder mit deutschen Texten
- großes Tabulatur- und Notenbild - ansprechende Illustrationen.

Band 1: Noten u. TABs, 76 Seiten
Ohne CD: AMB 5065 - 16,00 €
Mit CD: AMB 5064 - 20,90 €

Band 2
Das Ukulelenspiel kann sowohl ohne Noten, als auch mit Noten erlernt werden. Der Band enthält viele Lieder, die auch im Projekt »Klasse wir singen« verwendet werden. Auch das Singen und das gemeinsame Musizieren mit anderen Instrumenten wird gefördert.

Noten u. TABs, 80 Seiten.
Ohne CD: AMB 5067 - 16,00 €
Mit CD: AMB 5066 - 20,90 €

Das Weihnachtsliederbuch für Kinder und Erwachsene
Die schönsten Weihnachtslieder für Ukulelen-Spieler ohne und mit Notenkenntnissen. In unterschiedlichen Schwierigkeitsgraden von leichten Liedern bis zu Fingerstyle-Arrangements. Das große Noten- und Textbild erleichtert das Musizieren unter dem Weihnachtsbaum, und Akkordsymbole und Griffdiagramme helfen bei der Orientierung.

Noten u. TABs, 76 Seiten
Ohne CD: AMB 5069 - 14,90 €
Mit CD: AMB 5068 - 19,90 €

Lieferbarkeit, Irrtum und Preisänderung jederzeit vorbehalten.
Stand: 21.06.2021

Acoustic Music Books - Brommystr. 64, 26384 Wilhelmshaven
Tel. 04421-9 83 93 70 - Fax 04421-9 83 93 01
info@acoustic-music-books.de - **www.acoustic-music-books.de**

Get the Groove! – Acoustic Music Books

Gerhard Koch-Darkow
Moro und Lilli, Band 1
Die Gitarrenschule für Kinder
136 Seiten, mit Notenlegespiel zum Ausschneiden
ohne Begleit-CD:
AMB 3034 - 16,90 €
mit Begleit-CD:
AMB 3035 - 21,90 €

Gerhard Koch-Darkow
House of Guitar. Basics
Die Gitarrenschule mit Rock-Appeal. Für Konzert-, Steelstring- und E-Gitarre. Zeitgemäßge Methode mit Kreativecken (Beatbox, Riffschmiede etc.), 132 S. mit Audio-Streams über QR-Codes.
AMB 3180 - 22,90 €

Ulli Bögershausen
Fingerstyle Guitar von Anfang an
Die Gitarrenschule für Unterricht und Selbststudium
Das Standardwerk "Von Anfang an" überarbeitet und erweitert.
Noten u. TABs, 112 S. mit DVD-ROM. AMB 3150 - 24,90 €

Wolfgang Meffert
Harmonielehre endlich verstehen!
Einstieg in die Musiktheorie (nicht nur) für Gitarristen.
- Bestseller. Einfacher und verständlicher geht es nicht!
Sachbuch 168 Seiten
AMB 3096 - 24,90 €

Patrick Steinbach
Lucky, Light & Easy
50 leichte und beliebte Stücke auf dem Weg zur Mehrstimmigkeit. Für Gitarre
Noten u. Tab., 68 S.
ohne/mit CD
AMB 3098/3110 -
16,90€/21,90 €

Patrick Steinbach
Irish Guitar Workshop
How To Play And Arrange Celtic Tunes.
Spielbuch und Anleitung zum Arrangieren irischer Songs in Einem.
Noten u. TABs, 96 Seiten, mit CD, AMB 3062 - 22,90 €

Patrick Steinbach
Irish Guitar Tunes
Songs, Jigs, Reels, Polkas und Hornpipes für Gitarre. Leicht bis mittelschwer. Mit Leadsheets für Melodieinstr. in C
Noten u. TABs, 72 Seiten u. Stimme (Leadsheets) , 24 S. mit CD, AMB 3138 - 22,90 €

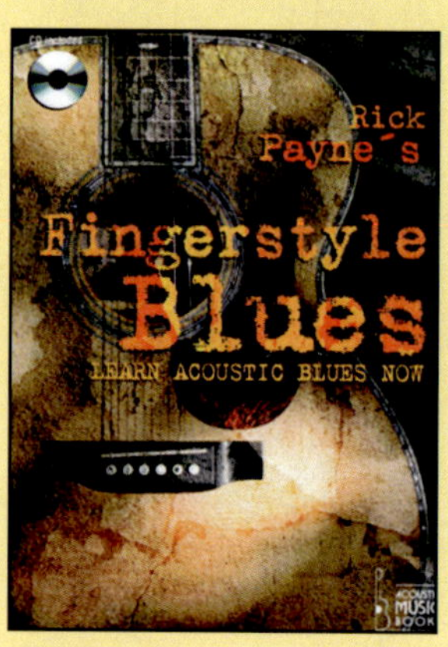

Rick Payne's
Fingerstyle Blues. Learn Acoustic Blues Now!
Ein einfacher Workshop für den schnellen Einstieg in den Blues vom Blues-Meister Rick Payne
Noten u. TABs, 48 Seiten, mit CD, AMB 3050 - 20,90 €

Bernd Brümmer
Perfekt Songs begleiten mit Gitarre
Alle Griffe, Spielweisen und Techniken, die man braucht.
Noten u. TABs, 144 S. mit CD
AMB 3064 - 24,90 €

Peter Autschbach
Rock on Wood
Die Gitarrenschule für Akustik-Rock. Für Ein- und Umsteiger
Noten u. TABs., 124 S., mit DVD-ROM, AMB 3100 - 22,90 €

Franco Morone
Basic Fingerstyle Collection
Leichte Stücke für Akustik Gitarre.
Spielspaß u. schneller Lernerfolg!
Noten u. TABs., 48 S., mit CD
AMB 3089 - 20,90 €

Acoustic Music Books
Brommystr. 64
26384 Wilhelmshaven
Tel. 04421-9 83 93 70
Fax 04421-9 83 93 01
info@acoustic-music-books.de
www.acoustic-music-books.de

Bitte fordern Sie unseren kostenlosen Notenkatalog an!

Lieferbarkeit, Irrtum und Preisänderung jederzeit vorbehalten!
Stand: 21.06.2021

www.acoustic-music-books.de